音律と音階の科学　新装版

ドレミ…はどのように生まれたか

小方　厚　著

ブルーバックス

装幀／芦澤泰偉・児崎雅淑
カバーイラスト／木野鳥乎
目次・本文デザイン／坂　重輝（グランドグルーヴ）
本文図版／さくら工芸社
JASRAC　出1804417-107

まえがき

　この本の主題は，音楽に使う音の高さである。音楽の3要素はメロディ・リズム・ハーモニーだが，このうちのメロディとハーモニーが対象だ。

　ドレミ…は音の高さの名前だが，はじめになぜこのドレミ…の音高が選ばれるに至ったかを示した。ドとレの間には高さが違う無限の音がある。しかし音譜上には，そしてピアノの鍵盤には，半音ド♯が1つあるだけだ。世界中どこのピアノでも同じである。何という全体主義であろうか。

　われわれの祖先は木ぎれを叩いたり，竹の節を抜いて吹いたりして遊んだ。著者がこどもの頃を振り返ると，火吹き竹というものがあって，これで尺八を真似たものだ。授業中にセルロイドの筆箱に輪ゴムをわたして，ピンピン鳴らすのが流行った。いまも飲み飽きるとビールの空き瓶をぼーぼーと吹いてみたりする。ドレミ…のバックにあるのはこのような素朴な物理現象である。そこに見いだされた法則が，歴史的な紆余曲折を経て，現在の形に落ち着いたのだ。

　ただ，従来の本は数学と物理学から一面的な説明をするのみで，なぜドレミ…という音階が人類に受け入れられたかには触れていない。この本ではサイコ・フィジクス（心理物理学あるいは精神物理学と訳される）に拠って，心理

学の側からもこれを説明した。専門書は識らないが，一般書では日本で最初の記述であろう。

ジャズと共演するためにアフリカの地から来日したミュージシャンが，ピアノの音を聴いて「この楽器，音痴だ！」と罵倒したと聞いたことがある。平均律のドレミ…が，彼が祖先から受け継いだ，民族固有の音階（別系統のドレミ…）と異なるのが気に障ったのだろう。この本の後半では，こうした民族音楽について記述し，最後にドレミ…の将来に思いをはせる。

数学・物理学と音楽とは何の関係もないと思われている。「ひと夜ひと夜にひとみごろ……，サインコサイン何になる……」とは中川五郎作詞・高石友也作曲の『受験生ブルース』の一節だ。しかし1.41421356…（$\sqrt{2}$）は減5度の周波数比であり，サイン・コサインはスペクトル解析の基礎であるフーリエ変換の道具である。数学は本書のためにあるようなものだ。ただし，今回はブルーバックス編集部の注文によって，ややこしい数式はばっさり削除されてしまったのは残念である。

著者はプラズマ波のフーリエ解析で学位を取った。後に加速器ビームに関わったら，tuneとかchromaticityとかいう加速器用語があるので驚いた。物理屋には音楽好きが多く，この本にも勤め先のお茶の時間の話題をまとめたような部分がある。もとより著者は音楽の専門家ではないので，独断と誤謬が散見されることと思う。この分野を専門とされる方がこのような本を書いて下さっていたなら，本書など必要ないのに……と言いたいところである。

この本の原稿を，広島大学の学生諸君と，インターネットを通して知りあった方々に読んでいただき，助言をいただいた。

　編集の梓沢修さんは音楽好きで，編集の一線を踏み越えてこの本に入れ込んで下さったように思う。この場を借りてこうした方々に感謝したい。

2007年8月

*　　*　　*　　*　　*　　*

新装版によせて

　著者は義務教育を最後に，正式に音楽を学ぶことはなかった。そのような音楽素人が10年前に，『音律と音階の科学』と題した書籍を出版した。素人ならではの音楽に対する切り口のおもしろさが評価されたらしく，多くの読者に受け入れていただき，23回もの増刷を重ねることができた。増刷のたびに明らかな誤りは正してきたつもりだが，この新装版では念願がかない一部の内容を入れ替え，全面的に記述を見直すことができた。講談社ブルーバックスの渡邉拓氏のきめ細かい編集作業に，心から感謝する次第である。

2018年4月
小方　厚

『音律と音階の科学 新装版』
目次

まえがき 3

第1章 ドレミ…を視る, ドレミ…に触れる 9

- 1.1 音楽はデジタルだ 10
- 1.2 デジタル楽器とアナログ楽器 14
- 1.3 聴覚は「差」ではなく「比」を感じとる 19
- 1.4 手製の一弦琴でオクターブを視る 24

第2章 ドレミ…はピタゴラスから始まった 35

- 2.1 ド・ソの協和からピタゴラス音律へ 36
- 2.2 音のらせん 43
- 2.3 音程の数え方 ——「度」という単位 52
- 2.4 5度円から長音階へ 55
- 2.5 旋法, あるいはモード 58

第3章 音律の推移 ——閉じない環をめぐって 69

- 3.1 ピタゴラスの負の遺産 ——コンマ 70
- 3.2 協和ととなりとウルフ 75
- 3.3 ドとミの甘美な響き ——純正律 80
- 3.4 純正律の泣きどころ ——転調 87

3.5	平均律の功罪	94
3.6	ミーントーンとウェル・テンペラメント	96
3.7	純正律を鍵盤で	103

第4章 なぜドレミ…が好き？ ——音楽の心理と物理 109

4.1	2重音の心理と物理	110
4.2	同時に鳴る2つの音をどう聞くか？	114
4.3	楽器が出す倍音	119
4.4	楽音の不協和感から純正律へ	122

第5章 コードとコード進行 ——和音がつくる地形を歩く 133

5.1	3重音のポテンシャル	134
5.2	長3和音と短3和音	142
5.3	コード進行の原理	150
5.4	転調の行き先	158

第6章 テトラコルド ——自由で適当な民族音楽 163

6.1	西洋音楽と，西洋音楽以外の民族音楽	164
6.2	音階のユニット箱 ——テトラコルド	165
6.3	箱を積んでつくる日本の音階	172
6.4	ブルースはポピュラー音楽のルーツ	177
6.5	数十段の音階，微分音階	180
6.6	旋律打楽器バンド ——ガムラン	182

第7章 楽器の個性を生かそう……187

- 7.1 🎵 楽器と5度円……188
- 7.2 🎵 弦楽器の奏法, 管楽器の構造……193
- 7.3 🎵 2次元打楽器……201
- 7.4 🎵 リズム楽器……207
- 7.5 🎵 電子楽器テルミン……209
- 7.6 🎵 声こそ最高の楽器……212

第8章 音律と音階の冒険 ── 新しい音楽を求めて……215

- 8.1 🎵 そっくりメロディからの解放……216
- 8.2 🎵 平均律だからできること……217
- 8.3 🎵 純正律をさらに追求すれば……228
- 8.4 🎵 12音ではない平均律……236
- 8.5 🎵 純正律のように響く平均律……240
- 8.6 🎵 オクターブからの解放……242
- 8.7 🎵 音律と音階の将来……248

付録……255

参考文献……264

索引……267

第1章

ドレミ…を視る, ドレミ…に触れる

1.1 🎵 音楽はデジタルだ

♪ 音楽は最初から抽象的だった

音楽は不思議だ。

絵画と比べるとよくわかる。先史人の洞窟の壁画からわかるように、絵画は見えるものの写生から始まった。抽象的な絵画はずっと歴史をくだらなければ出現しない。これに対して音楽は最初から抽象的だった。音楽は音の時間変化により喜怒哀楽といったわれわれの感情に訴える。この音の時間変化は、決してわれわれの周囲にある変化を模倣したものではない。『かっこうワルツ』のような描写音楽というジャンルがあるとはいえ、一般的なものではない。

言語もまた音の時間変化であり、音楽と言語には共通点がある。おそらく音楽の起源の1つは、言語に抑揚をつけた「うた」であろう。しかし、外国のうたを聴けば、外国語がわからなくても、ある程度は外国人と共通な喜怒哀楽の感情が湧いてくる。器楽となると言語から完全に独立して存在している。

べつな音楽の起源として、トーキング・ドラムのような、音による遠方への通信も考えられる。鳥やかえるや虫の「うた」も、求愛とか、縄張り主張とか、彼らなりの通信手段・意思表明らしい。研究によれば、鳥のうたは複雑なフレーズから成り立ってはいても、個々のフレーズが言葉から構成されているのではないとのことだ[*1]。鳥のうた自体が抽象芸術そのものなのだ。複雑なフレーズを工夫し

て聴き手の注意を引こうと健気にこころみるあたりは，まさに音楽家である。

♪ 音楽はデジタルだ

しかし，音楽は不自由だ。

絵画ではどんな色でも使えるのに，音楽が使う音の高さは，ドレミ…とデジタル化されている。ちなみに，「デジタル」はもともとは計算機用語ではない。辞書によればその意味は，連続量を段階的に区切って数字で表すことである。音楽では数値の代わりにドレミ…を区切りに使っているのだ。もっともドレミ…は西洋音楽（現在この世界で優勢な音楽）のデジタル化の単位に過ぎない。西洋音楽以外の音楽でも，独自のデジタル化がなされている。これに対し，イルカなどの動物はサイレンのように連続的に音高を上下させて意思を疎通させているという。鳥のさえずりの音高の変化も連続的である。

この意味で，人の音楽はデジタルだ。

では，われわれ人間はどのように音高をデジタル化するのか。ドミソ（CEG）という3つの音を同時に響かせると心地よいというのが，学校で教わる音楽の基本の1つである。ド（C）に対してミ（E）とソ（G）がよく響くなら，次にミ（E）に対してよく響く音は何か，ソ（G）に対してよく響く音は何かと，次々に考えていくと，音楽に

---

*1　岡ノ谷一夫 『さえずり言語起源論 —— 新版 小鳥の歌からヒトの言葉へ』 岩波書店（2010）．

使える音がドレミ…に限定されるというのが，1つの説明で，この本の主題である。

♪ 西洋音楽の2つの特徴

現在われわれがテレビ・ラジオで，あるいは街中で耳にする音楽では，楽器からのいくつかの高さの異なる音が同時に響いて，心地よさを演出している。すなわちハーモニーを奏でている。歌のバックにも楽器によるハーモニーがある。そして，楽器は管楽器と弦楽器が主流である。

管楽器・弦楽器が出す音にはある種の法則があり，このことがドレミ…という音高のデジタル化につながったのである。ドレミ…の起源はギリシャ時代にあり，それが西欧的合理主義とマッチして，西洋音楽として発展してきた。

この西洋音楽の特徴は

(1) ハーモニーを重視する，
(2) 管楽器と弦楽器を使う，

の2点である。逆にこの2点にこだわらなければ，ドレミ…にとらわれる必要はない。

日本古来の雅楽や，民衆の音楽，民謡，長唄，小唄，端唄，浪曲，津軽三味線などでは，西洋音楽のようにハーモニーにこだわらない。また，インドネシアのガムランでは管楽器・弦楽器ではなく，打楽器で旋律を奏でる。こうした非西洋音楽に属する音楽ではドレミ…を使っていない。あるいは別系統のドレミ…があると言ってもよい。

第1章｜ドレミ…を視る，ドレミ…に触れる

　ドレミファソラシドには，最後の上のドを勘定に入れなければ，7つの音しかない。日本古来の音楽は，実は5つの音しか用いていない。他の民族音楽では逆にデジタル化がもっと細かい場合もあり，アラブやインドの音楽では，数十の音を用いている。聞き分けられる音高の違いをデジタル化の最小単位としているらしい。

　もっとも，多くの民族音楽では，音高の区切りはそれほど厳密に決まっているわけではない。音楽の起源は，喜怒哀楽の発露であって，うたも演奏も，もともと即興的なものだった。現在の多くの民族音楽にもこの名残があり，即興的に音を上げて高揚感を表したり，あるいは下げて悲しみを表したりしている。

　しかし近代の西洋音楽はもっと厳密である。クラシック音楽は西洋音楽の究極の姿であって，設計図にもとづいた大建築のような美しさがある。100人ものオーケストラが音楽を奏でるためには，作曲家の膨大な総譜にもとづき，指揮者・楽団員が一体となって一糸乱れぬ演奏を展開しなければならない。100人が使う100挺の楽器はすべて同じルールで調律されなければならない。ドレミ…はこの大建築の基礎，礎石なのだ。

1.2 デジタル楽器とアナログ楽器

♪ 楽器を分類しよう

ひとつの観点から楽器をアナログとデジタルに分類してみたい。

「自分はアナログ人間なもので……」とおっしゃる方がいる。自分は時代遅れであると卑下しておられるようでもあるし，自分は流行に左右されるような軽佻浮薄な人種ではないと主張しておられるようでもある。しかしここで試みる楽器の分類は，歴史が新しいか古いかを問題とするものではない。もちろん電気の使用・不使用にも無関係である。

この分類によれば，ピアノのみならず，パイプオルガン，電子オルガン，アコーディオンなど，すべての鍵盤楽器はデジタル楽器である。

弦楽器ではバイオリン，ビオラ，チェロ，コントラバスはアナログ楽器。しかしエレキベースはデジタル楽器。ギターはデジタル楽器だが，三味線はアナログ楽器。

管楽器の中ではトロンボーンがアナログ楽器である。

分類の基準がおわかりだろうか。音楽で使う音の高さはデジタル化されていると言ったが，このデジタル化された音高がそのまま出るように作られているのが，デジタル楽器である。典型的なデジタル楽器は鍵盤楽器だ。鍵盤は英語でいえばキーボードである。キーボードで文字を打って計算機に命令するように，われわれは鍵盤で楽器に特定の

音を出すことを指令しているのである。

弦楽器の中で，ギター，ウクレレ，マンドリンなどがデジタル楽器である。フレットがあるので，調弦さえ正確であれば，ドレミ…を出すのは容易である。ところがバイオリン属の楽器（例外はビオラ・ダ・ガンバというバロック楽器）や三味線はアナログ楽器である。フレットがないので，狙った音を出すにはまず弦のどこを押さえるかをマスターする必要があるが，その反面，ドレミ…にとらわれない微妙な音高も出すことができる。

管楽器のうち，トロンボーンは手動で管の長さを伸ばして音を低くし，縮めて高くする。まさにアナログである。その他の管楽器はたいていバルブ，ピストン，キー，トーンホールなどの操作で音高をデジタル化する。ただし，たいていデジタル化は不完全で，息の吹き込み方，唇の使い方などの演奏技術でそこをカバーする。

完全に近いデジタル管楽器は後ほど図に示すパンフルートであろう。フォルクローレで用いるサンポーニャもこの仲間で，1本の管が1つの音高に対応している。

♪ デジタル楽器に見るドレミ…の構造

ドレミ…の構造を見るには，もちろんデジタル楽器が適している。そこで，**図1-1**にピアノの鍵盤を示した。図のように，白鍵がずらりと並んでいるのに対し，黒鍵は2つ並んで，すきまがあり，次に3つ並ぶという周期の繰り返しだ。2つの黒鍵の左下の白鍵（図1-1（a）では矢印で示した）がすべてハ長調のドである。ドから始まってレミフ

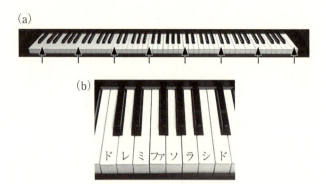

図1-1 ピアノの鍵盤

(a) ふつうピアノには88の鍵（キー）がある。矢印はすべてC, すなわちハ長調の「ド」。
(b) 1オクターブの階名。

ァ…と上がってドまで行くとそこからまたレミファ…と続く。このドからドまでの1周期は**オクターブ**と呼ばれる。この1オクターブを取り出したのが図1-1 (b) である。ここには7つの白鍵（上のドは除く）と5つの黒鍵があり，オクターブに含まれる音の数は12になる。

鍵盤上の音の上がり方は，**図1-2** (a) のらせん階段を思わせる。このらせん階段を真上あるいは真下から見ると，図1-2 (b) のように12の段が見える。ドの段の真上・真下には，ずっとドの段が連なっている。階段を1段上がって上下を見れば，こんどはドのシャープの段（ドの半音上の音に対応する）が真上・真下に連なっている。1段上がるたびに確実に音は高くなるのだが，12段上がると，さ

第1章 | ドレミ…を視る, ドレミ…に触れる

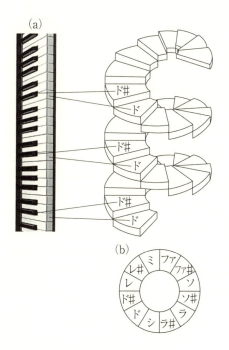

図1-2 | 鍵盤の昇降はらせん階段

(a)らせん階段の1段が半音に相当する。(b)らせん階段を真上（あるいは真下）から見ると，1オクターブを構成する12音に対応する12段が見える。

っきと同じ音の段に来る。

♪ 音律と音階

　ある系統の音楽，例えば西洋音楽で，どんな高さの音を使うかというルールを**音律**と言う。じっさいの楽曲は，音律からさらにいくつかの音を選び出して使う。これらの構

成音を高さの順に並べたものを**音階**と言う。

ピアノの鍵盤からわかるように、西洋音楽という系統の音楽には1オクターブ、例えばドとドの間には白鍵と黒鍵合わせて12の音がある。これが音律である。そこから7つの白鍵だけを選んでドから始めれば長音階という音階になり、ラから始めれば短音階（自然短音階）になる。音階は曲によって変わるが、音律はより普遍的である。

音階の最初の音を**主音**という。例えば、ハ長調の主音はC、イ短調の主音はAである。これに対し和音の基礎となる音を**根音**という。和音（コード）とは、3つないし4つの音を同時に鳴らしたときの合成音で、根音はふつう複数音のうちの最低音である。ただし本書では、高低の2重音の場合も低音を基準として、これを根音という。詳しくは第5章で述べる。

♪ シャープ（♯）とフラット（♭）

西洋音楽という系統の音楽には、1オクターブに白鍵と黒鍵あわせて12の音があった。階段の例では12の段に対応する。音高差を**音程**というが、1段上がれば音程も1単位上がる。この音程の単位が**半音**である。2単位すなわち半音2つ分を**全音**という。

この呼び方を図1-1の鍵盤と見比べてみよう。白鍵ドと白鍵レ、白鍵レと白鍵ミの音程は全音である。ド・レ、レ・ミの間にはそれぞれ黒鍵があるので、例えば白鍵ドとその右上の黒鍵の音程は半音、さらにこの黒鍵と白鍵レとの音程も半音となる。まず白鍵間の音程を全音とし、それ

を黒鍵で2分して半音としたのである。ただし，黒鍵を挟まずに隣り合う白鍵どうし（ミとファ，シとド）の音程は半音である。

　ピアノの黒鍵に相当する音の呼び方には，2通りある。左下の白鍵より半音高い音とみなせば「シャープ（♯）＋白鍵の音名」であるし，右下の白鍵より半音低い音とみなせば「フラット（♭）＋白鍵の音名」だ。現在のピアノではどちらにせよ同じ黒鍵だから，同じ音である。C♯とD♭，D♯とE♭などは**異名同音**，英語ではエンハーモニック（enharmonic）である。ただし，音律によってはC♯とD♭，D♯とE♭などが異名異音となるので，注意を要する。この本では，♯と♭のどちらを用いてもよい場合は♯のほうを用いる。

1.3 聴覚は「差」ではなく「比」を感じとる

♪ 音程を周波数で見ると……

　われわれはドとレの音程と，レとミの音程は同じと感じている。あるいは，平均律（音律の一種。詳しくは後述）に調律された図1-1の鍵盤で，ド，その右上の黒鍵（ドの半音上，ド♯と書く），その右下の白鍵レ，その右上の黒鍵（レの半音上，レ♯と書く），その右下の白鍵ミ，……と順番に弾くと，階段を登るように半音という均一差でし

だいに音が高くなると感じている。この「均一差」とはどういうことだろうか。

音は空気の振動である。1秒間の振動数を**周波数**と言う。周波数が高いほど、われわれには高い音に聞こえる。放送の電波の場合と同様に、周波数の単位をHz（ヘルツと読む）とする。国際的な取り決めで周波数440Hzの音を中央のラ（A）としている。ちなみに、われわれが聞き取れる周波数は20〜20000Hzの間で、これを**可聴領域**という。可聴領域の中でも、人間の耳の感度がいいのは2000〜4000Hzの周波数帯で、赤ちゃんの泣き声や女性の悲鳴はこの範囲にある。

これに従うと、現代のピアノでは、ドレミ…の最初の4音の周波数は**図1-3**に示すように

　　ハ長調のドの白鍵：261.62Hz
　　その右上の黒鍵音、ド♯：277.18Hz
　　その右下の白鍵音、レ：293.66Hz
　　その右上の黒鍵音、レ♯：311.12Hz

である。われわれは「半音」という音高差は均一と感じている。しかし上の数値を見ると

　　ドとド♯との周波数差は15.56Hz
　　ド♯とレとの周波数差は16.48Hz
　　レとレ♯との周波数差は17.46Hz

第1章 | ドレミ…を視る，ドレミ…に触れる

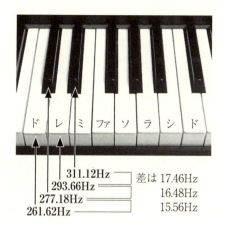

| 図1-3 | 中央ド・ド♯・レ・レ♯の周波数

と，周波数差は均一ではなく，音高とともにしだいに大きくなっている。

ピアノの鍵に対応するピアノ線をならべると，その長さは音が高くなるに従い短くなるはずである。その「短くなり方」，すなわち隣り合う弦長の差は均一ではない。だがピアノのふたを開けてみても，多数の（ふつうは88組の）弦が複雑に交差していて，なにがどうなっているのかひと目ではわからない。

図1-4のパンフルートでは，音の高さを管の長さとして実感できる。パンフルートの名はギリシャ神話の牧神パンの葦笛に由来する。ここでは，各管がそれぞれの音高に対応する。低音側の管は長く，高音に行くほど短くなる。し

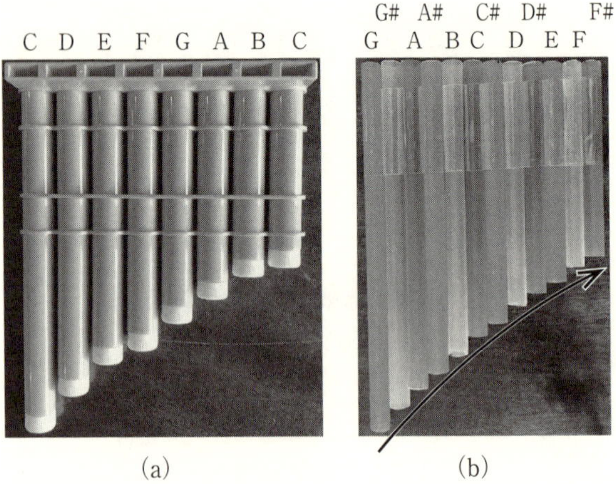

```
      C D E F G A B C            G# A# C# D# F#
                                G A B C D E F
```

(a)   (b)

図1-4 パンフルートに見る音の高さ

(a)キクタニミュージック株式会社製パンフルートPF-8L。(b)著者作製の楽器。

かしその「短くなり方」はしだいに鈍るので，管の下端が優美な曲線を描く。写真（a）は学童用のパンフルートで長音階に対応しており，EF間とBC間の管長のギャップが他に比べて小さい。（b）は著者が作った12本の管を束ねた楽器であり，隣り合う管の音程はすべて半音である。

♪ 音の高さは比で決まる

ド，レ，ミ，…の周波数は数列をつくる。われわれになじみ深い数列は等差数列と等比数列である。等差数列は

$$1, \ 2, \ 3, \ 4, \ \cdots$$

あるいは

$$3, 6, 9, 12, \cdots$$

のように，ある項に定数を足して次の項をつくる。最初の例は1を足し，次の例では3を足している。しかし，先ほどの計算によれば，音律では，構成音の周波数に一定の数を足すと半音上の周波数になる，というルールに従ってはいなかった。ド，レ，ミ，…の周波数列は等差数列ではない。

一方の等比数列では

$$1, 2, 4, 8, \cdots$$
$$1, 3, 9, 27, \cdots$$
$$1, 1.2, 1.44, 1.728, \cdots$$

などのように，ある項に定数をかけて次の項をつくる。最初の例は2をかけ，次の例では3をかけている。第3の例では

$$\frac{1.2}{1} = \frac{1.44}{1.2} = \frac{1.728}{1.44} = \cdots = 1.2$$

となっており，前の項に1.2をかけて次の項としている。

先ほどの，ハ長調のドから半音ずつ上がっていく音列

で，隣り合う音の周波数比を計算すると

$$\frac{277.18}{261.62} \fallingdotseq 1.0594$$

$$\frac{293.66}{277.18} \fallingdotseq 1.0594$$

$$\frac{311.12}{293.66} \fallingdotseq 1.0594$$

と，みごとに一致する。ドレミ…の周波数は公比約1.0594の等比数列をつくっていたのだ。図1-4（b）に示したパンフルートでも，隣り合う2本の管の長さは比1.0594をなしており，管の長さはこの公比を持つ等比数列となる。

このことは，音の高さに対するわれわれの感覚が「差」感覚ではなく「比」感覚であることを意味する。さらに付け加えれば，音の大小に対する感覚も比感覚であることが知られている。

1.4 手製の一弦琴でオクターブを視る

♪ 空き箱と輪ゴムで音律の大原則を確かめる

音楽は音の組み合わせである。音は空気の振動であって，空気の振動が鼓膜に伝わると，われわれは音を聞く。また，オーディオCDには音楽が詰まっているが，これは

第1章 | ドレミ…を視る,ドレミ…に触れる

空気の振動によりマイクロフォンが振動し,この振動に伴う電流を記録したものである。では,空気の振動はどのように生じ,音の高さとどのような関係があるのだろうか。

図1-5(a)に描いたように,縦横が数cm,適当な深さを持つ空き箱に輪ゴムを張る。これは日本のコトのモデルであって,1本しか弦のない琴,一弦琴と呼ぶことにする。箏柱(次ページ参照)のあるものには箏という字を使うことになってはいるが,「いちげんきん」という言葉の響きがいいので,琴の字を使おう。

このゴムを弾いたときの音の高さを「ド」として,ドミファソラシド と歌ってみて(頭の中で歌うだけでもよい),最後の上の「ド・」(オクターブ上の音はドットを用いて表す。付録参照)を記憶する。次に図1-5(b)のように,輪ゴムを横切り,箱長を2等分するようにマッチ棒や竹串など,なるべく細い棒を入れる。棒の片側の輪ゴムを

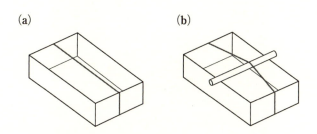

図1-5 空き箱と輪ゴムと棒の一弦琴

(b)のように弦を2等分して弾くと,(a)を弾いたときの1オクターブ上の音が出る。

弾いてみる。このときのピンピンという音は、さきほど覚えた高いほうの「ド」と同じ高さになったはずである。

マッチ棒なしでゴムを弾いたときはゴムの全長が振動し、2等分したゴムの片側を弾いたときは半分の長さが振動した。このゴムの振動長が音の高さを決める。詳しく言えば、ゴムの長さは音の**波長**に比例し、波長は周波数に反比例するのだが、ここではこの問題には立ち入らない。

図1-6が本物の日本の箏である。この箏には13本の弦があり、これらの弦の音が音階を構成する。白く三角に見える、高圧電線の鉄塔のミニチュアのようなものを箏柱という。それぞれの箏柱がわれわれの一弦琴のマッチ棒の役を果たし、弦の振動長を決める。

箏はもちろん、ギター、バイオリンなどの弦楽器が手近

図1-6 日本の箏

柿沼隆／PPS通信社

にある方には，こんな原始的な実験は必要ない。弦の長さが半分になる位置を押さえて音を出して，押さえないときと比べていただきたい。ギターの場合は多数のフレットがあるが，そのなかの1つは弦長をちょうど2等分する位置にあるはずだ。また，実際に箱をさがしたり，輪ゴムを張ったりするのが面倒な方は，張ったと思い，弾いたと思い，音が聞こえたと思ってくださるだけでもけっこうである。上の「ド」と下の「ド」では1オクターブだけ高さが違う。

　ゴムすなわち弦の長さが半分になると，1オクターブ上の音が出る。この半分あるいは2倍という長さが，目に見えるオクターブの姿である。振動数は音の高さを表す周波数と同じだが，弦のように力学的に振動が実感できる場合は振動数を使う。他の条件が同じであれば，弦が短いほど振動数が大きい。小さい楽器ほど高い音を出すことは，バイオリンとコントラバスを比べればわかる。人体も楽器の一種と考えれば，こどもの声は概して大人より高いことが理解できる。

♪ オクターブ等価性

　正確に言えば，弦の場合は長さと振動数が反比例する。弦の長さが2倍になれば，振動数は半分になり，長さが半分になれば，振動数は2倍になる。1オクターブ上の音をもとの音の**倍音**あるいは2倍音と言う。振動数が2倍になるからである。

　音楽ではオクターブを区切りの単位としている。西洋音

楽を含めた多くの音律がオクターブ離れた音に同じ名前を付けている。これは、われわれがオクターブ離れた2音をよく似た音と感じる傾向があるためであろう。場合によっては音色にごまかされて、オクターブ離れていても同じ音と感じることさえある。この性質を音楽心理学では**オクターブ等価性**（オクターブ類似性）と言う[22]。

現実に、職場や学校の混声コーラスでは、男声と女声は自然と1オクターブ離して歌うが、そのことをあまり意識しない。これがオクターブ等価性の表れである。カラオケの男女デュエットでも同じである。著者自身はギターの弦を張るときに、どんどん張力を上げていって弦を切ってしまったことがあった。間違えて1オクターブ上の音に合わせようとした結果であった。

♪ 基本波と倍音

実は、弦の振動は1通りではない。同時にいくつもの音波を生じ、しかもその配合が条件によって異なる。**図1-7**は、両端を固定された弦の変位（左）とその時間変化（右）である。左図では、弦の両端は動かない。図(b)では、弦の中央が上下に変位する。この弦全体が振動したときに出るいちばん長い波長を持つ波が**基本波**である。基本波は、弦が発する最低音に相当し、弦に固有の音の高低を言うときは、この基本波を基準とする。

弦の両端は固定されているから動かないが、両端の他にも動かない点、**節**があってもよい。図(c)では、弦の中心も動かない。これが2倍波で、周波数は基本波の2倍、

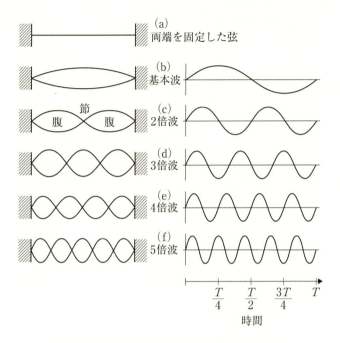

図1-7 両端を固定された弦からの基本波と整数倍波の発生

左は弦の各部の変位。右は腹の変位の時間変化。横軸は時間で，Tは基本波の周期（基本波の周波数の逆数）。

音としての高さは基本波の場合の1オクターブ上になる。次に低い音は，弦の$\frac{1}{3}$長が単位となって振動する。以下同様である。基本波に対して，整数倍の周波数を持つ波を**整数倍波**あるいは**高調波**と言う。

節に対し，振幅が最も大きい点を**腹**という。図1-7右

は，高調波における腹の変位の時間変化を示す。横軸は時間で，その範囲は0からTまでである。ここで基本波の周波数（振動数）をf_0とすれば，周期Tはその逆数，$T=\dfrac{1}{f_0}$である。静止した状態からスタートすると，基本波（b）の場合は弦の中点は次第に一方向に変位し，時刻$\dfrac{T}{4}$で変位は最大となる。その後は逆方向に変位し，時刻$\dfrac{T}{2}$でスタート位置を通過し，$\dfrac{3T}{4}$で逆方向に最大に変位し，Tでもとに戻る。中点はこのような往復運動を続ける。2倍波（c）の場合は，弦の長さが固定端から左右それぞれ$\dfrac{1}{4}$長の点が，時間Tの間に上下運動を2回繰り返す，……などとなる。

　弦からのそれぞれの整数倍波をマイクロフォンで拾って，このとき流れる音声電流をオシロスコープに入力すると，図1-7右の波形が表示される。このように，変位あるいは音量の時間変化は三角関数で表示できる。図では整数倍波の振幅がすべて同じように描かれているが，ふつう基本波の振幅が最大で，「何倍」という倍数（これを**次数**という）が大きくなるほど小さくなる。われわれ手製の一弦琴からも整数倍波（整数倍音）が出ていたはずである。

　基本波の周波数を1とすれば，2倍波（2次の波）の周波数は2，3倍波（3次の波）の周波数は3，4倍波（4

次の波)の周波数は4となる。これらの周波数は等差数列をなす。ところがさきほど示したように、われわれの聴覚は差ではなく比に対して敏感である。この差がもたらす現象と、われわれの比感覚との軋轢(あつれき)が音律を生んだのかもしれない。

♪ 音高と音量をスペクトルで視る

音高や音色を議論するには、音が含んでいる周波数が一目でわかる表示法が必要である。これが**周波数スペクトル**である。**図1-8**(a)の上下2つの図のうち、上はピアノの中央C音の時間変化、たとえばマイクロフォンから電流をオシロスコープで見たときの波形である。下はそのスペクトルであって、横軸が周波数、縦軸はその周波数を持つ音の音量である。図から基本波の周波数を読み取ると、約

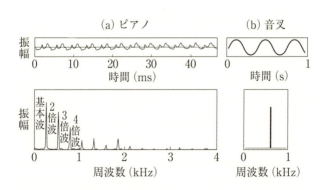

図1-8 (a)ピアノと(b)音叉の振動波形(上)とスペクトル(下)

260Hzである。そこから右に，2倍波，3倍波，4倍波，…が並んでいる。ピアノでは弦をハンマーでたたいて楽音を出すので，個々の弦の振動は図1-7に従う。ピークの高さから，この場合は基本波の振幅がもっとも大きく，2倍波，3倍波，…と次第に小さくなることがわかる。

一方，図1-8（b）には音叉の波形（上）と周波数スペクトル（下）を示した。上の時間波形は正弦波（サイン波）である。このように単一の周波数だけを持つ音を**純音**と言う。放送の時報音も純音である。しかし，純音は人工音としてしか存在しない。ピアノのような実際の楽器の音は多くの高調波，すなわち個々の純音がたくさん混ざり合った音であって，この混ざり方が楽器の音色を決めている。複雑な混ざり合いを高調波に分解し，それぞれの周波数ごとに一目瞭然に表示するのが，周波数スペクトルである。

♪ 現在のピアノの調律は平均律

復習すると，音の高さが1オクターブ上がると，周波数は2倍になる。一方，図1-1（16ページ）のように，ピアノには1オクターブに各々半音ずつ異なった音を出す12のキー（鍵）がある。そして音の高さは「比」で上がる。すなわち，あるキーの音の周波数に「ある数」をかけると，半音上のキーの周波数になる。

「ある数」の値を一定とすれば，隣り合う2音の周波数比はすべて同じになる。そこで，ある音の周波数に「ある数」をかけるという操作を12回繰り返すと，出発点の周波

第1章｜ドレミ…を視る，ドレミ…に触れる

数のちょうど2倍になるように「ある数」を決めよう。すると，「ある数」は2の12乗根，つまり

$$\sqrt[12]{2} = 2^{\frac{1}{12}} = 1.0594\cdots$$

になる。半音上がると周波数は1.0594…倍になるのである。全音は半音2つだから，高音側と低音側との周波数比は $1.0594 \times 1.0594 \fallingdotseq 1.12$ になる。根音（最初の音・基準の音）をCとして，これに対する周波数比を具体的に示すと

C（同じ音）：$2^{\frac{0}{12}} = 2^0 = 1,$
C#：$\quad 2^{\frac{1}{12}} \fallingdotseq 1.05946,$
D：$\quad 2^{\frac{2}{12}} = 2^{\frac{1}{6}} \fallingdotseq 1.12246,$
D#：$\quad 2^{\frac{3}{12}} = 2^{\frac{1}{4}} \fallingdotseq 1.18921,$
E：$\quad 2^{\frac{4}{12}} = 2^{\frac{1}{3}} \fallingdotseq 1.25992,$
F：$\quad 2^{\frac{5}{12}} \fallingdotseq 1.33484,$
$\quad \vdots$
B：$\quad 2^{\frac{11}{12}} \fallingdotseq 1.88775,$
C：$\quad 2^{\frac{12}{12}} = 2^1 = 2,$

となる。

　現在のピアノはこのルールに従って調律されている。ピアノだけでなく，すべてのデジタル楽器はこのルールに従っていると言える。この「『ある数』の値をすべて同じに決める」音律を，つまり隣り合う音高の周波数比が均一な

音律を**平均律**と言う。

われわれは現在,この平均律をあたりまえのものとして受け入れている。しかし音楽の長い歴史の中で,平均律は新参者である。平均律は17世紀以降のヨーロッパで確立し,平均律を持つ鍵盤楽器は19世紀後半に普及した。そこに至るまでに,さまざまな音律が入れ替わり立ち替わり使われてきた。本書では,平均律に至る西洋音楽の音律の変遷をざっと紹介する。

西洋以外に目を向ければ,中国では16世紀,明の時代に平均律が登場しているし,日本でも和算家の中根元圭(1662-1733)が1692年にオクターブを12乗根に開き,12音平均律をつくる方法を示している。インドでも17世紀には12音平均律の理論が登場していた。

第2章

ドレミ…はピタゴラスから始まった

2.1 ド・ソの協和から
ピタゴラス音律へ

♪「三平方の定理」のピタゴラス

　12音音律の歴史はギリシャ時代, ピタゴラス (Pythagoras, BC582-BC496) にまでさかのぼる。あの「三平方の定理（ピタゴラスの定理）」で有名なピタゴラスその人で, ほぼ釈迦や孔子と同時代人である。

　ピタゴラスが開いた学校では, 弟子たちはそこで学んだことを口外することは固く禁じられていた。また, 弟子たちの発見したことはすべて師のピタゴラスの発見とされたという。学校というよりむしろ「教団」といったほうが当たっているらしい。ピタゴラス学派が政治にも口を出すようになった結果, いざこざの果てに学校が焼き討ちにあうこともあったという。

　ピタゴラス学派は, 万物の根源は数であると考えていたので, ピタゴラス音律も音楽としてではなく, 数学あるいは物理学として研究されたようである。**図2-1**は15世紀のミラノで刊行された書物の挿画で, 音楽を研究するピタゴラスである。左上で彼は, 鍛冶屋がハンマーを打ち下ろす音に耳を澄ましており, これが複数音の協和について思いをめぐらす動機になったと伝えられる。また, 左下では箏をいじっている。

第2章 ドレミ…はピタゴラスから始まった

| 図2-1 | 15世紀のミラノで刊行された書物に登場し，音楽を研究するピタゴラス

♪ ピタゴラス音律のたった1つの原則──3倍音

　もう一度一弦琴を取り出し，こんどは弦長の$\frac{1}{3}$の位置に竹串あるいはマッチ棒を置こう。**図2-2**(a)はこれを横から見たところである。この状態で長い側，矢印Aで示した側を弾いたときの音の高さを，竹串がないときの音の高さと比べていただきたい。25ページ図1-5(a)の状態で弾いたときの音を「ド」として，ドレミファ…と歌ってみて，図2-2(a)の音がどれと同じか（レと同じか，ミと同じか，ファと同じか，……）を判断していただきたいの

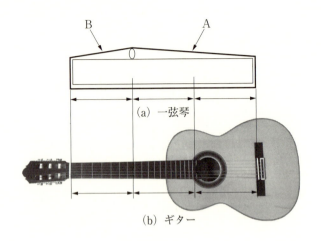

図2-2 弦長を3等分する点を押さえると……

だ。答えは「ソ」となったはずである。開放弦でドが出る時，長さを$\frac{2}{3}$とすればソの音が出る。振動数は波長に反比例するから，ソの振動数はドの$\frac{3}{2}$である。

ギターをお持ちの方には，逆の手順がおすすめである。どの弦でも良いから開放弦をドとみなしたときに，押さえるとソの音を鳴らすフレットを見つけて，下から（図2-2 (b) の場合は右から）の寸法を測っていただきたい。そのフレットは弦長の下からちょうど$\frac{2}{3}$の位置にあるはずだ。

では、図2-2（a）で、分割した弦の左側、Bを弾いたときの音の高さはなんだろうか。Aを弾いたときの音はソであった。Bの長さはAの半分だから、Aの2倍の周波数、すなわちAよりオクターブ高い音が出る。答えはAより1オクターブ上のソになる。Bの長さは全長の$\frac{1}{3}$であるから、振動数は開放弦の3倍になったのだ。

ピタゴラスは2つの一弦琴を並べ、1つを開放弦、もう1つを図2-2（a）のように長さを1：2に分割して同時に弾くと、2音が心地よいハーモニーを奏でることを発見した。このとき分割した弦のどちら側を弾いても（AでもBでも）開放弦と美しく響きあう。

なぜ基本波と3倍波を同時に聞くと心地よいのか、このことは本書のテーマの1つなので、後ほど詳しく述べることとし、ここでは直感に訴える説明をする。すでに29ページ図1-7に示したように、弦を弾くと一連の整数倍波が生じる。この図の3倍波を図2-2と比べていただこう。すぐにわかるように、弦の長さを$\frac{1}{3}$にして弾いたときに生じるのは3倍波である。この3倍波は図1-7（d）のように、開放弦を弾いたときの振動に含まれている。これが2つの一弦琴を並べ、1つを開放弦、他方を$\frac{1}{3}$長として弾いたときに心地よく響く理由である。

先ほどから「心地よい」という言葉を連発しているが、音楽ではこの感覚を「協和する」という。国語辞典によれ

ば,協和とは,同時に鳴らした2つ以上の音がよく調和して耳に心地よく聞こえることである。

♪ 3倍音を使って芋づる式に……

　周波数比が1対2の関係にある2つの音はたいていの人が声に出して歌うことができる。1対2とくれば,次は1対3である。ピタゴラスは,この1対2と1対3という周波数比を持つ音群を組み合わせて音律を作ったのである。以下にそのプロセスを見ていこう。

　ピタゴラスは最初の音（主音）の周波数を3倍し,次にこれを2で割って第2の音の周波数とした。2で割ったのは,第2音が主音から1オクターブ以上離れないように配置するためである。オクターブ等価性により,1オクターブ離れた2音は同じ音とみなせた。したがって,ある音の周波数を2, 2^2, 2^3, …倍しても,また$\frac{1}{2}$, $\frac{1}{2^2}$, $\frac{1}{2^3}$, …倍しても等価性が成り立つ。この原理を使って3倍音を主音から1オクターブ内に移動させたのだ。

　次に,第2音と2倍音以外で最もよく協和する音を第3音とした。周波数が3倍の音がもとの音と協和することはすでにわかっているのだから,第2音の周波数を3倍して第3音とすればよい。ただし,主音から1オクターブの範囲にこの第3の音を配置する（周波数を主音より大きく,しかし2倍以下にする）ために,2で2回割る。

　以下,この手順を繰り返す。

　こうして得られる各構成音の周波数は,主音の周波数を

1とすれば,

第2音　$1 \times 3 \times \dfrac{1}{2} = \dfrac{3}{2} = 1.5$

第3音　$\dfrac{3}{2} \times 3 \times \dfrac{1}{2^2} = \dfrac{3^2}{2^3} = 1.125$

第4音　$\dfrac{3^2}{2^3} \times 3 \times \dfrac{1}{2} = \dfrac{3^3}{2^4} = 1.6875$

第5音　$\dfrac{3^3}{2^4} \times 3 \times \dfrac{1}{2^2} = \dfrac{3^4}{2^6} = 1.265625$

　　　　$\vdots$

と決まる。

　これらの分数表示で分子が持つ3のべき数は，第2音では1，第3音では2，第4音では3，…である。こうしてべき数を順次増やしていったとして，これを2の何乗かで割った答えが2になると仮定すれば，その音の周波数は主音のちょうど2倍である。3倍音を使って芋づる式に次々と協和音を探していって，主音の2倍の周波数を持つ音，すなわち1オクターブ上の音に出会ったことになる。これ以上この手順を続けても繰り返しに過ぎないから，ここで打ち切れば，その結果残るのは，有限個の音から構成される音律である。

　ところが，数学好きの読者はもうお気づきと思うが，2と3はどちらも素数だから

$$\frac{3^m}{2^n} = 2$$

となる m, n のペアは存在しない。

しかし,「およそ2になるペア」は存在する。$m=12$, $n=18$ とすれば, $3^{12} = 531441$, $2^{18} = 262144$ であるから

$$\frac{3^{12}}{2^{18}} \fallingdotseq 2.02729$$

である。ピタゴラスはこれを2と見なし, 3のべき乗をつくる手順を12で打ち切った。

ピアノの白鍵と黒鍵を合わせると, 1オクターブには12の音がある。すなわち1オクターブは12に分割されている。この12という数は, ピタゴラスが得た12に由来している。

ピタゴラスが生きていたのとほぼ同じ頃, 中国では**三分損益法**という方法で音律がつくられた。「三分」は弦長を $\frac{1}{3}$ にすることに相当する。ただし中国では, 弦ではなく管すなわち笛の長さを操作した。長さを $\frac{1}{3}$ にすることは周波数を3倍にすることであり, これから類推されるように, 三分損益法はピタゴラスの方法そのものである。興味のある方は文献 [16] などを参照していただきたい。

2.2 🎵 音のらせん

♪ 人間は音楽を「対数」で感じている

1.3節で，われわれの感覚は「差」感覚ではなく「比」感覚であることを示した。小学校ではまず加減算，次に乗除算を教わる。そのためか，大人になっても，乗除算にもとづく「比」より加減算にもとづく「差」のほうが親しみやすい。**対数**を使うと乗除算が加減算になる。すでにピアノの白鍵と黒鍵に関連して「半音と半音をたすと全音になる」と表現したが，このとき，実は無意識のうちに対数を用いたのだった。

音律の一連の音の高さを目に見える曲線に表すと，22ページ図1-4（b）のようになった。音が高くなるほど振動数は大きく，波長は小さくなり，それを出す管や弦は短くなる。しかしわれわれには，音が高かろうと低かろうと，オクターブを1目盛りとしたほうがわかりやすい。このための物差しを**図2-3**に紹介しよう。

図2-3の上に示したのは数直線で，右に行くほど数が大きくなる。この直線では，1から2までの距離と2から4までの距離が等しい。2.5から5までの距離，8から16までの距離も同じである。また，1から3までの距離は（1から2までの距離より当然長いが），3から9までの距離と等しい。要するに，2つの目盛りの数値の比がそれらの目盛りの距離を決めている。この比感覚向けの目盛りを**対数目盛り**という。これに対して，普通の物差しの目盛りを

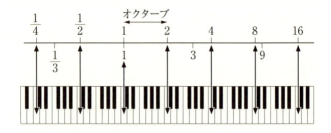

図2-3 | 対数目盛りの数直線とピアノの鍵盤

線形目盛りという。

図2-3の数直線の上側には、$\frac{1}{4}$, $\frac{1}{2}$, 1, 2, 4, 8, …と等間隔に目盛りが打ってある。どの目盛りも左隣の目盛りの2倍の値を持っている。ついでに直線の下側には、$\frac{1}{3}$, 1, 3, 9（=3×3）にも目盛りを打った。こちらは、どの目盛りも左隣の3倍の値を持ち、やはり等間隔に並んでいる。

この対数目盛りをピアノの鍵盤と対応づけてみよう。図2-3の配置では、目盛り1とピアノのC（ド）のキー、目盛り2と1オクターブ上のC（ド）が対応している。このように鍵盤と数直線は対応しており、鍵盤は対数目盛りで配置されている。今日のような鍵盤は遅くとも15世紀にはつくられていたが、対数が普及したのは17世紀以降である。数学で対数という概念が確立する以前に、音楽ではこ

れを先取りして鍵盤に対数目盛りを導入し，演奏を容易にしていたのだ。

♪ ピタゴラス音律

すでに図1-2に示したように，鍵盤上の音の上がり方はらせん階段で表現できた。そこで，図2-3の数直線を**図2-4**のようにらせん状（バネ状・コイル状）に巻くことにしよう。

らせんの直径は，2，4，8，…の点列が同じ場所に来

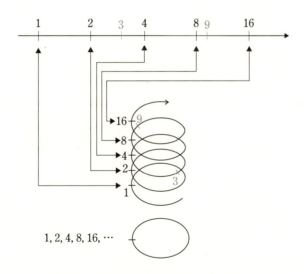

| 図2-4 | 対数目盛りの数直線でつくるらせんと投影円 |

1，2，4，8，16，…の目盛りが投影円上の同じ位置にくるように，らせんの直径を定める。

るように決める。これらの点は、いずれもC（ド）音に対応づけられている。次に、このらせんに真上から光を当てたと考えよう。すると床にできるらせんの影は円になり、「C（ド）」の点の影は何オクターブ離れていても円周上の同じ点に来る。

では、3の点はどこにくるであろうか。**図2-5**(a)は、投影された円を書き直して、時計の文字盤になぞらえたものである。1，2，4，8，…（C音）を投影した点を0時の位置とすれば、3は7時（210度、正確には210.587度）の位置にくる（詳しい計算は、付録「5度円の分割角度」を参照）。

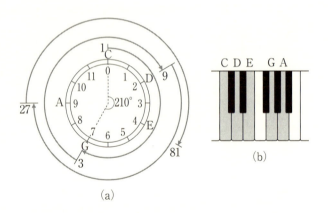

(a)

| **図2-5** | **らせん上で3倍することを繰り返す**

(a)らせんに巻いた対数目盛りの数直線上で、出発点から数値が3倍の点まで進むことは、投影円上では210度回転することに等しい。文字盤の0時（C音）から始めると、3・9・27・81倍の点は、7・2・9・4時の位置にくる。 (b)これらはG、D、A、Eの各音に対応する。

ややこしい計算は気にせず、とにかく、らせんに巻いた数直線上で3倍の目盛りまで進むと時計回りに210度進む、あるいは30度を1コマとして7コマ進むと認識していただきたい。

　この3倍の周波数を持つ音は、文字盤で210度進んだ位置（7時の位置）に対応し、すでに一弦琴の実験が示したようにG（ソ）であった。基準周波数の3倍ばかりでなく、6（$=3×2$）、12（$=3×2^2$）、24（$=3×2^3$）、…倍、あるいは$\frac{3}{2}$、$\frac{3}{4}\left(=\frac{3}{2^2}\right)$、…倍の周波数を持つ音はすべてこの7時の位置で表される。

　このGの周波数をさらに3倍するとどうなるだろうか。文字盤の7時の位置から時計回りに210度回るので、2時の位置に来る。この音はGをドとしたときのソ音であって、Dという名前がついている。基準周波数から見れば周波数は9倍であるが、18、36、…倍あるいは$\frac{9}{2}$、$\frac{9}{4}$、…倍などの周波数を持つ音もすべて2時の位置で表される。

　この手順をもう一度繰り返し、2時の位置からさらに210度回転すると、今度は9時の位置に来る。図2-5(a)に示すように、この音はA（ラ）である。さらに、もう一度回転すると4時の位置で、この音はE（ミ）である。

　ここでいったん休んで、時計の文字盤とその外側に書き入れたアルファベットをピアノの鍵盤と対比させてみよう。いままでC、G、D、A、Eの5文字が出てきたが、これを時計の文字盤の順番に並べるとCDEGAである。ピ

アノの鍵盤にもCDE…が割り付けられていて，実は文字盤と対応しているのである。

　文字盤ではCの0時とDの2時の間の1時に文字が割り付けられていないが，これは鍵盤上のCとDの間の黒鍵に対応すると予測できる。こうした目で見ると，文字盤でアルファベットが割り付けられていない3時，5時，6時，…などに対応する位置にも，鍵盤の白鍵か黒鍵が対応するはずである。

♪ ヨナ抜き5音階

　ここまで出てきた5音からなる音階，CDEGAを使えば音楽ができる。たとえばCCDECAG（ドドレミドラソ）とつなげれば，「上を向いて歩こう」になる。

　前節で，ピタゴラス音律と同じ音律のつくり方として，古代中国の三分損益法を紹介した。周波数を3倍して新しい音をつくるという操作を4回でやめてしまうと5音階（CDEGA）ができる。これが三分損益法による音律である。5音でやめたのは，古代中国の五行説という，5という数を尊ぶ思想と関係があるらしい。この5音階は中国から日本へ奈良時代に輸入され，「呂旋法」といわれる音階となった。当時この呂旋法はあまり流行らなかったという。

　しかし明治以降，西洋音楽が流れ込んだ後の日本ではこの呂旋法が隆盛を極めている。7音からなる長音階に主音からⅠ，Ⅱ，Ⅲ，…と番号をつけていくと，この5音階では第Ⅳ音と第Ⅶ音が抜けるので，日本では俗に**ヨナ抜き**

5音階と呼ばれている。

『夕焼け小焼け』(草川信作曲),『赤とんぼ』(山田耕筰作曲)などの日本の童謡や,『岸壁の母』(平川浪竜作曲),『心のこり』(中村泰士作曲)などの歌謡曲,はたまた『結婚しようよ』(吉田拓郎作曲)などのフォークソングでは,この5音階を用いている。また『蛍の光』に代表される多くのスコットランド民謡や黒人霊歌(スピリチュアル)の『アメイジング・グレイス』などもやはりこの5音階を用いている。ヨナ抜き5音階は世界に共通する音階の1つである。

じつは,ピアノの黒鍵だけをF♯(G♭)から順に高音へ弾くと,ヨナ抜き5音階になる。こどものころ,ピアノの黒鍵だけで弾けるメロディがあるという大発見に興奮した方も多いのではないだろうか。

♪ ピタゴラス音律の完成

この,周波数を3倍する,あるいは文字盤で210度回すという手順を繰り返すと,5音からなる素朴な音階ができた。では,この手順をもっと続けるとどうなるのだろうか。

続けていくと**図2-6**(a)のように,文字盤上で4時に続いて11時,6時の位置がこの順で埋まる。文字盤から推すと,6時の音はGの半音下,Eの全音上なので,F♯である。0時から始めて音名で示せば,C, G, D, A, E, B, F♯で,音高順に並べればCDEF♯GABである。図2-6(a)上に,これらの音をピアノの鍵盤上で示した。現在わ

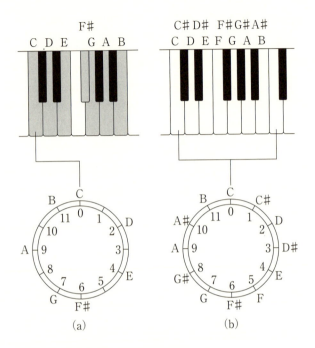

図2-6 周波数を3倍することを繰り返す

(a) 6回繰り返すと、ドレミファ♯ソラシがそろう。(b) さらに続けると、12回目に出発点Cに戻り、鍵盤上の12音がそろう。

れわれが使っているドレミファとは、ファが半音上がるところだけが違う。

このようにドから始まってファが半音上がるのは、現代でいう「リディアン」という音階（旋法、2.5節参照）である。ピタゴラスの死から約120年後に著されたプラトン（Plato, BC427-347）の『国家』には6つの調が記されて

第2章 | ドレミ…はピタゴラスから始まった

おり*1，作曲家・黒沢隆朝（1895-1987）によれば，この中の「高音リュディア調」がCDEF♯GAB音階である[17]。ちなみにプラトンは『国家』のなかでソクラテスに「悲しみや嘆きの歌は不必要で，こうした歌にメロディを与える高音リュディア調（と，混合リュディア調）は無用なもの」と言わしめている。このピタゴラス時代のF♯がFに置き換えられ今のCDEFGABになったとされる[16]。文献では，アリストクセノス（紀元前4世紀ごろ）が早くもこの置き換えを行っている[17]。本書では現代風に，ピタゴラス音律の長音階はCDEF♯G…ではなくCDEFG…であるとして，議論を進める。

なお，図2-6（a）に現れる7音を，Cの代わりにGを最低音として並べるとGABCDEF♯となり，これはト長調のドレミファソラシである！

さて，周波数を3倍するという手順をさらに続けると，6時の次は1時，続いて8時，3時，10時，5時の位置が埋まり，12回目に0時の位置に戻る。結局12の音が得られ，12音からなる音律「ピタゴラス音律」ができあがった。これが，ピアノの白鍵と黒鍵を合わせた12の音の元祖である。

ところで，図2-6（a）の文字盤には，たとえば1時の位置にはまだ音名が書き込まれていない。鍵盤を見ると，この音はCとDの間の黒鍵の音に対応する。そこで，Cより

---

*1 プラトン 藤沢令夫訳『国家（上）』，第3巻第10章 岩波文庫（1979）．

少し高いという意味で、ここにC♯と書き込む。同様に3時、8時、10時に対応する音をD♯、G♯、A♯と書く。

最後の5時の位置に対応する音は図2-6 (a) と見比べるとわかるように、Fである。このように、できあがった図2-6 (b) の文字盤はピアノの鍵盤とそのまま対応する。ABC…で音名をつけたとき、F♯を先に使い、Fを温存したのは、CDEFGABCと並べればわれわれになじみが深い現在の「ドレミ…」ができるからである。

2.3 音程の数え方 ——「度」という単位

狭い意味の「音程」は、2つの音の高さの違いである。しかしわれわれは「あのアイドル歌手は音程が悪い」などと、音程をもっと広い意味に使っている。

見出し中の「度」は、音楽で2つの音の高さの違いを測るときの単位である。しかし音程を定量的に議論しようとするには、**セント**という単位が適している。セントは音程を2つの周波数の対数的な比で表すもので、平均律の半音を100セントとする。したがってオクターブは1200セントになる（259ページ付録「音程の単位『セント』」を参照）。

図2-7にはピアノの鍵盤を、五線譜と対応させて描いた。そこでまず気づくのは、楽譜は白鍵を対象としており、このままでは黒鍵の出る幕がないということである。「度」という単位は、ある鍵盤の白鍵が、基準となる白鍵

第2章 | ドレミ…はピタゴラスから始まった

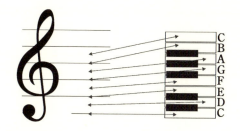

図2-7 | 鍵盤と五線譜

から何個目にあたるかを言う。したがって同じ音は1度，隣り合う白鍵の音程は2度であり，1つ置いた先の白鍵との距離は3度である。オクターブ離れた音程は8度となる。

隣り合う2つの白鍵の音程は2度であると言った。しかし，白鍵Cと白鍵Dの間には黒鍵があるのに，白鍵Eと白鍵Fの間には黒鍵がない。実はCD間は2半音すなわち全音なのに，EF間は1半音しかないのだ。2度と言っても2種類あることになる。これらを「長2度」，「短2度」と区別する。

同様に，CE間もDF間も3度であることには変わりがない。しかし，半音単位で数えると，CE間は4半音，DF間は3半音である。「2半音イコール1全音」として換算すると，CE間は2全音，DF間は1全音半となる。2全音の3度を「長3度」，1全音半の3度を「短3度」という。

今度は4度を見よう。CF間は5半音，FB間は6半音で

ある(あるいはCF間は2全音半,FB間は3全音となる)。2全音半の4度を「完全4度」,3全音の4度を「増4度」という。5度となると3全音と3全音半の2種類があり,それぞれ「減5度」,「完全5度」という。

はっきり言って,音程の数え方は合理的ではない。1つの原因は,音程には「ゼロ」という概念が導入されていないことである。同じ音程ならゼロとすればすっきりするはずなのに,ここでは同じ音は1度の音程を持つと定義してしまっている。

もう1つの原因は,単位がはっきりしないことである。度という単位は白鍵の数にもとづくのだが,隣り合う白鍵の音程が全音のことも半音のこともある。そのため,「何度」の前につける「長」「短」「増」「減」「完全」などの接頭辞(?)が必要となった。長は短より長く,増は減より大きいのだろうと想像はできるが,実際の意味はすぐにはわからない。

「長」「短」の意味はすでに示した。完全4度,完全5度のように「完全」がつく音程は,その2音を同時に響かせると美しい,とするギリシャ時代以来の西洋音楽の価値観を反映している。いちばん完全なのは「完全1度」(同音)である。次はオクターブ離れた「完全8度」で,これらは完全4度,完全5度以上に「完全」ということになる。「増」「減」は完全4度,完全5度以外の4度,5度に用いる。

表2-1には,いろいろな名前の音程が半音を単位に数えるといくつになるかを示した。図2-7と見比べて,各音程

表2-1 音程と2音間の半音数

音程	半音数	音程	半音数
完全1度	0半音	減5度, 増4度	6半音
短2度	1半音	完全5度	7半音
長2度	2半音		
短3度	3半音	短6度	8半音
長3度	4半音	長6度	9半音
完全4度	5半音	短7度	10半音
		長7度	11半音
		完全8度	12半音

の半音の数を数えてみていただきたい。

以上の音程の数え方は平均律を対象にしている。この数え方が通用しない音律もある。というよりも，例えば長3度といっても複数の長3度を持つ音律もあることを承知しておいていただきたい。

2.4 5度円から長音階へ

♪ 5度円の登場

「周波数を3倍する」という手順を繰り返したら，図2-6 (b) に示したように12の音が現れた。$3^0 = 1$が表す音をCとしたとき，3^1がG，3^2がD，3^3がA，…であった。この

音名を出現する順番に円周上に等間隔でCGDA…と並べよう。この結果が**図2-8**であって，この図を**5度円**あるいは**5度圏**という。図2-4や2-6の投影円とは別な円であることにご注意いただきたい。5度円というのは，隣り合う2音（F・C間，C・G間，G・D間，…）の音程が先ほどの数え方で完全5度だからである。

さてこの5度円で，たとえばFから右回りに7個の連続した音を拾って，並べ替えてみよう。円弧上で2番目のCを先頭に低音から順に並べると，CDEFGABという，現在のハ長調の長音階になる。同じ5度円で，Cから右回りに7音を拾って，2番目のGを先頭に並べ替えると，こんどはGABCDEF♯となり，ト長調の長音階となる。実は

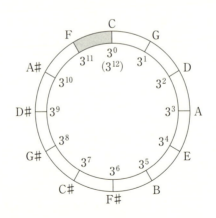

図2-8 | **Cから周波数を3倍していく手順で得られる5度円**

円内の数値はC音の周波数に対する各音の周波数比。弧FC（灰色の部分）だけが短い。

第2章 | ドレミ…はピタゴラスから始まった

　5度円のどこから始めても，連続する7音を取り出して，並べ直すと長音階になる（並べ替えれば短音階もできる）。またすでに述べたように，これを連続する7音ではなく，連続する5音でやめると，ヨナ抜き5音階になる。

　このようにつくった音階の構成音は1オクターブの範囲に収まらないが，オクターブ等価性により1オクターブの範囲に収まっているとみなす。連続する7音のうち円弧上の2番目の音を最低音とすればこのように長音階になるが，最初の音を最低音として並べ替えるとリディアンという旋法になることは，すでに2.2節で述べた。じつは図2-8に示す円弧の12分割では，弧FCだけが少し短いのだが，この問題は次章で議論する。

♪ ドレミの起源と6音階

　図2-9は，11世紀の「聖ヨハネ賛歌」の楽譜の歌詞の一部である。太字部分を拾って順番に並べると

$$\text{Ut Re Mi Fa Sol La}$$

となる。これが現在のドレミ…の起源で，この歌が元祖『ドレミの歌』である。DoでなくてUtだが，今でもフランス語ではDoの代わりにUtを使っている。

　この楽譜ではドレミファソラの6音しか使われていない。あの210度回転をヨナ抜き5音階の次のステップでやめてしまうと，この6音階が現れる。11世紀当時は6音階がふつうだったのだという。5音階と現在の7音階の中間

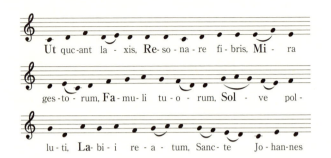

| 図2-9 | 聖ヨハネ賛歌（元祖『ドレミの歌』）

の6音階が実際に使われていたことがおもしろい。

2.5 旋法, あるいはモード

♪ 7つの旋法

5度円のFからBまでの7音を，Cを主音とすると，CDEFGABという長音階ができた。この順列でC以外の音を最低音とすると，どうなるだろうか。

すでに17ページ図1-2に音階のらせん階段を示したが，**図2-10**にはそれに音名を書き加えて示した。このらせんを真下に投影すると円になる。円周はCばかりでなく，どの音から始めても，もとの音（厳密には，1オクターブ離れた音だが）に戻ることができる。

第2章 ドレミ…はピタゴラスから始まった

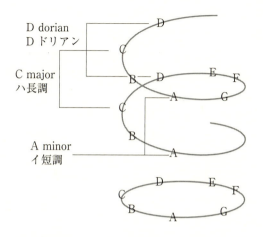

図2-10 CDEFGABがつくるらせん階段と，ハ長調・イ短調・ドリアンモード

　Cに始まりCに終わるのがハ長調だが，同じ7音を使っても，Aに始まりAに終わるものには，図のようにイ短調という名前がついている。近頃は，Dに始まりDに終わるDドリアンにも出くわす。

　CDEFGABの7音階には，どの音を最低音とするかで，以下の7つの**モード**が存在しうる。日本語ではこれに**旋法**という訳をあてている。モードが異なれば，楽曲が与える感じはまったく異なるものになる。現代ではほとんど「C始まりモード」と「A始まりモード」しか使われていない。かつて鍵盤楽器の鍵盤に白鍵しかなかった時代があり，その当時は，この2つ以外のモードも現在よりはるか

に重要であった。

図2-11はCDEFGABの7音を使った7つのモードである。これらをまとめて教会旋法といい、それぞれを図に示した名称で呼ぶ。イオニアンモードは長音階の別名である。鍵盤の白鍵だけを使うことにすれば、このモードはCから始まり上にDEFGABCと続く配列を持つ。Dを出発音とすればDEFGABCのDドリアンモード、Eを出発音とすればEFGABCDのEフリジアンモードなどとなる。要するに、7音の周期をどこから始めるかでモードが決まる。理工系の方は、モードとは位相のことだと考えてくだされ ばよい。

大学の体育会系ジャズ研では、モードの頭文字をとって

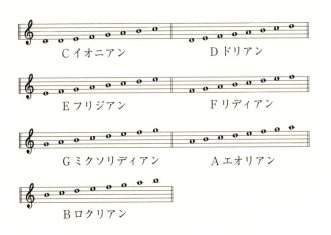

図2-11 | **CDEFGABの7音のそれぞれを主音とする7モード**

「イドフリミエロ（井戸降り見えろ？）」などと覚えさせるらしい。しかし，音楽学ではこれらを教会旋法というのは正確ではなく，むしろ「ド旋法」「レ旋法」…などと呼ぶのが妥当であるという。ここでは図の呼称を採用するが，慣例に従っているものと理解していただきたい。

　図2-11は鍵盤上の白鍵のみを使う場合，すなわちハ長調の構成音を使う場合である。調性も明らかにするために，旋法はこのように主音すなわち最低音とともに呼ばなければならない。この流儀で言えば，ヘ長調は「Fイオニアン」，ニ短調は「Dエオリアン」である。

♪ モード小史

　ピタゴラスはCから始めて12音からなる音律をつくった。すでに述べたように，ピタゴラス音律を用い，5度円でCから数えた7音がつくる音階は，Cを主音とするCDEF♯GABというリディアンモードである。このCリディアンが後にCイオニアンに変化したらしい。リディアンは最近はスムーズ・ジャズで愛用されている。

　これらの旋法が整備されたのは16世紀頃であって，各旋法の名は古代ギリシャの地名に由来しているが，地名との間に直接の関係はないらしい。グレゴリオ聖歌にはドリアンを用いたものが多かった。しかし，西洋音楽におけるハーモニーの比重が増すに従って，3和音がきれいなイオニアンとエオリアンが生き残る結果となった。

　音楽の3要素はメロディ・リズム・ハーモニーとされているが，現在の西洋音楽ではメロディとハーモニーは不可

分，というよりもハーモニーが主導権を握っていると言ったほうがあたっている。しかしハーモニーの前身はポリフォニーであり，これは2部合唱のようなものである。その時代まではメロディ主導で，音楽における旋法の比重は大きかった。

スコットランド，アイルランドの民謡には，5番目の音から始まるミクソリディアンが多い。バグパイプという楽器がこのモードに従ってつくられているためともいうが，このモードに合うようにバグパイプが発達したのかもしれない。「にわとりが先か，卵が先か」の議論である。

ジャズではコード進行，すなわちハーモニーがアドリブのメロディを導くのが主流である。しかし，1950年代末にコードの制約から逃れようとする気運がおこった。マイルス・デイヴィス（Miles Davis, 1926-1991）やジョン・コルトレーン（John Coltrane, 1926-1967）による「モード・ジャズ」の提唱である。これはメロディへの回帰，顧みられなくなっていた旋法の再評価であろう。

ふつうジャズの楽譜には，図5-9（151ページ）のようにコードが指定されている。しかし，マイルスの『ソー・ホワット（So What）』の楽譜を見ると，最初と最後の部分はDドリアン，中間部はE♭ドリアンとあるだけで，細かいコードの指定がない。同じマイルスの『マイルストーンズ（Milestones）』は，最初がGドリアンで，中間部がAエオリアンである。やや時代が下ると，ハービー・ハンコック（Herbie Hancock, 1940-）による『処女航海（Maiden Voyage）』がやはりドリアンだが，主音がA，C，B♭，

D♭と変わる。ビートルズの名曲『ノルウェイの森（Norwegian Wood）』がドリアンで，ジミ・ヘンドリックス（Jimi Hendrix, 1942-1970）もドリアンとミクソリディアンを多用しており，ロックでも60年代からドリアンが使われるようになった。

モード・ジャズはコードにもとづいて演奏を機械的に進行させるのではなく，メロディに重きを置こうとするものである。ただし，コード進行に従ってさえいれば，誰にでも案外簡単にめりはりのある演奏ができる。これに対し，モード・ジャズはだらだらと変化に乏しい，つまらない演奏に陥ってしまう危険をはらんでいることは否定できない。

♪ 長音階と短音階

イオニアンとエオリアンは，それぞれ長音階と短音階に対応する。長調・短調という語は漠然と長音階・短音階を指すこともあり，またハ長調・ト短調などのように，主音を指定した長音階・短音階を使用することを示すこともある。この話題については，5.2節「長3和音と短3和音」も参照していただきたい。

図2-12には，長音階・短音階それぞれの全音・半音のつくるパターンを示した。とくに短音階では下から第2・第3音間の半音が独特な感情を呼び起こす。また，長音階では上昇して行くと最後に半音が存在し，主音に戻ろうとする動きを与えるが，短調ではこの動きが弱い。この図に示した自然短音階の他に，次項で述べるように2つの短音

図2-12 | 長音階・短音階とそれぞれの全音・半音のパターン

階が存在するのも，このあたりに理由があるのかもしれない。

長音階は楽しい・嬉しいといった気分に結びつけ，短音階は悲しい・寂しいといった気分に結びつける傾向がある[5]。こうした傾向は文化に根ざすものとする一方，生まれつきのものとする説がある。

われわれ日本人は，欧米人より短音階が好きかもしれない。たとえば旧制一高の寮歌『嗚呼玉杯に花うけて』（楠正一作曲）は，楽譜は長調だが，実際に歌うときは短調になる。またピンク・レディー往年のヒット曲には，『ペッパー警部』『カルメン'77』『ウォンテッド（指名手配）』『UFO』『サウスポー』など（作曲はいずれも都倉俊一），短音階の曲のほうが多い。短調でも悲しくないということは，リズムがメロディに優先するということであろうか。

♪ 3つの短音階

現在用いられる短音階には，**図2-13**に示す自然短音階，和声短音階，旋律短音階の3つがある。エオリアンは自然短音階と一致する。和声短音階では，第7音が半音上が

る。旋律短音階は，旋律が上がるときは第6音と第7音が半音上がるが，下がるときには自然短音階と同じになる。

なぜ短音階が3つもあるのだろうか。自然短音階を用いた旋律は，例えばロドリーゴの『アランフェス協奏曲』の第2楽章のように，素朴な郷愁をさそう。自然短音階だと，主音をAとすれば，最後のGA間が全音になり広すぎる。音が低いほうから高いほうにいくときに，最後の上り坂がきついというわけだ。言い方を換えると，GAと上がって終わるとき，GとAの間隔が離れすぎていると終わった気になれない。そこでこの音程を狭めた結果として和声短音階ができたらしい。

自然短音階には，主要音A，D，Eの上に3つの音を重ねてつくる和音がすべて短3和音（マイナーコード）になるという特徴があったが，和声短音階ではこの特徴は失わ

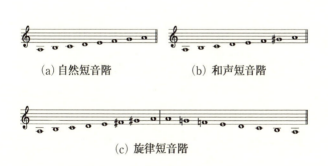

(a) 自然短音階　　　(b) 和声短音階

(c) 旋律短音階

| 図2-13 | 3つの短音階

♮（ナチュラル記号）は，すでについている♯，♭を無効にする。

れる。しかし代わりに，第5音の上に3和音を重ねると，長3和音になる。これが和声短音階の「和声的」と呼ばれる所以らしい。

この和声短音階ではFG♯間が1全音半も開いている。これでは旋律がつくりにくい。そこで，Fも半音上げて旋律短音階ができた。しかし，音が高いほうから下るときは自然短音階に従う。ジャズでは下降時も上昇時と同じ音を使うことが多いようだ。

結局どの短音階も一長一短があるので，三者が共存して現在に至っているのであろう。

図2-14は，カラオケと素人のど自慢の定番『恋のバカンス』（岩谷時子作詞・宮川泰作曲）の出だしの部分である。「あなたのくちづけに」は和声短音階で，「あまいこいを」の部分はちょっと転調し，「おとめごころよ」の部分は旋律短音階である。もっと後の中間部では本格的に短調

| 図2-14 | 『恋のバカンス』の出だし

岩谷時子作詞・宮川泰作曲

から長調へと転調して，その後また短調に戻る。なかなか技巧をこらした曲である。

第3章

音律の推移
——閉じない環をめぐって

3.1 ピタゴラスの負の遺産 ──コンマ

♪ ピタゴラスのコンマ

　この本の重要なテーマの1つは「音律」である。音律の歴史はおおざっぱには

　　ピタゴラス音律
　　　→純正律
　　　　→ミーントーン，ウェル・テンペラメント
　　　　　→平均律

と流れてきた。

　最初のピタゴラス音律には2つの欠点があった。1つは，C（ド）とE（ミ）の響きが悪いことである。これについては，3.3節で詳しく述べる。もう1つは，前章でピタゴラス音律をつくるときに，周波数比2.02728…を2と近似したことに起因する。この近似の「つけ」が回ってくるのである。

　もう一度50ページ図2-6（b）に戻っていただきたい。図においてC音を出発点として周波数を3倍することを12回繰り返すと，0時の位置すなわちC音に重なるとした。周波数を3倍することは，投影円上で角度を210度進めることであるという近似を用いれば，確かにCに重なる。

　この近似を行わずに，1回の回転角度を厳密に210.587度として計算してみよう。図2-6（b）の文字盤1時の位

置にあるC#は，56ページ図2-8の5度円では7時の位置にある。文字盤上の正確な角度は

$$210.587 \times 7 - 360 \times 4 = 34.109 \text{度}$$

である。左辺第1項の「×7」は5度円上の位置のため，第2項の「×4」は円の角度を360度以内に収めるための調整である。次の時計文字盤2時の位置にあるDは5度円でも2時の位置にあり，文字盤上のより正確な角度は

$$210.587 \times 2 - 360 = 61.174 \text{度}$$

である。

C・C#間，C#・D間の角度はそれぞれ34.109度と61.174－34.109＝27.065度で，360度を12等分した30度より一方は大きく，一方は小さい。すなわちピタゴラス音律には大きい半音（大半音，34.109度：114セント）と小さい半音（小半音，27.065度：90セント）の2種類の半音があるのだ。

このような操作で文字盤上の半音が占める角度を計算して積み重ねていくと，**図3-1**（a）に示すように，文字盤は360度で閉じない。1オクターブ上のĊが，出発点である0時の位置を行き過ぎてしまう。これは，3を12回かけた結果，すなわち$3^{12}=531441$と，2を超えないようにオクターブ下げを19回繰り返した結果である数$2^{19}=524288$の不一致に由来する。この2つの数値の比は

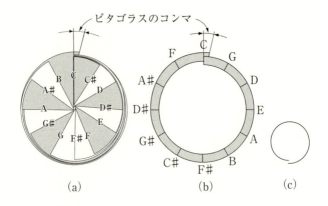

図3-1 | ピタゴラスのコンマ

(a)ピタゴラス音律の12音。灰色：大半音，白：小半音。(b)5度を210.587度とすると，5度円は360度で閉じない。(c)コンマ？

$$\frac{3^{12}}{2^{19}} \fallingdotseq 1.01364$$

であって，違いは1パーセント強である。このずれを**ピタゴラスのコンマ**と言う。セントを単位とすれば，オクターブの1200セントに対しコンマは23.48≒24セントである。さきほど計算した大半音と小半音の差はピタゴラスのコンマに等しい。

5度円は円周あるいは360度を，完全5度を弧長あるいは角度の単位として円を分割するはずであった。しかし図3-1（b）が示すように，完全5度を弧長として12の弧をつなぐと5度円は円周より大きくなる。この尻尾がピタゴ

ラスのコンマである。図3-1（a）（b）では「コンマ」らしくないが，（c）のように図の上下左右を反転するとコンマらしく見えるかもしれない。ただしこの説明はこじつけで，ギリシャ語の「断片」を意味する語がコンマの由来である。

♪「異名同音」ではなく「異名異音」

前の章でピタゴラス音律を導く手順では，周波数をひたすら3倍することを繰り返した。その代わりに$\frac{1}{3}$倍にすると，文字盤上では210.587度を単位として逆回転することになる。この手順でもピタゴラス音律が導かれる。Cから左回りを始めると，まず5時の位置にFが現れる。Fからまた210.587度だけ左に回転すると，10時の位置に来る。図2-8ではここをA♯と書いたのだが，左回転の場合はBより少し低い音という意味でB♭と書く。ただしピタゴラスのコンマのせいで，A♯とB♭は同じ位置に来ない。言い換えれば，A♯とB♭の音の高さは異なる。

同様に，右回転ではF♯，C♯，G♯，D♯が現れたが，左回転の場合にこれらに対応する音としてG♭，D♭，A♭，E♭が現れる。対応するF♯とG♭，C♯とD♭，G♯とA♭，D♯とE♭は円上の位置は近いが，音高は異なる。これら「異名異音」間の音程はピタゴラスのコンマ（24セント）に等しい。

いっぽう平均律ではF♯とG♭，C♯とD♭，G♯とA♭，…などは「異名同音」である。本書では平均律を前

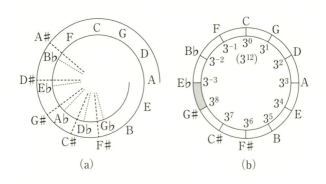

図3-2 ピタゴラス音律のらせんと5度円

(a)♯・♭の2方向に永遠に続くらせん。(b)現行のピタゴラスの5度円。図2-8と見比べてほしい。

提とする場合は、♯を使うことが多い。

図3-2 (a) に示すように、ピタゴラスの5度円は閉じるどころか、♯、♭の2方向に無限に続く。すべての音がオクターブの音程に収まる音楽ならピタゴラス音律に問題はない。しかし、そうでない場合が大半なので、5度円を閉じない円として扱うといろいろ不便である。そこで歴史的に、どこか1つの弧を他より短くして、言い換えれば大半音の1つを小半音に置き換えて、強引に5度円を閉じるという操作が行われてきた。

Cから始めて周波数を3倍していく手順では、最後に現れるのがFであるため、図2-8の5度円では弧FCが他より短くなる。あとで図3-9に関連して述べるように、これでは現在われわれにいちばんなじみが深いハ長調が使えな

い。そこで、コンマに起因する短い弧を図3-2（b）のように、G♯E♭間に割り付けるのが慣例である。これに伴って、大半音・小半音の位置も図3-1（a）ではなく、97ページ図3-10（a）のようになる。

　ピタゴラスのコンマにどう対処するかは、ピタゴラス音律にとどまらず、その後現れたほとんどの音律に共通する大問題となった。歴史的な紆余曲折はあったが、これを一挙に解決してしまったのが、すでに紹介した平均律である。ピタゴラス音律はオクターブを不均一に12分割している。これに対し12音平均律はオクターブを（対数的に）12等分して、半音を1単位、全音を2単位とし、全音は半音のきっちり2倍としたものである。どこか1ヵ所の円弧を短くする代わりに、どの円弧も少しずつ短くした。こうして5度円は閉じられたのだ。

3.2 協和とうなりとウルフ

♪ 2つの楽音の協和

　ピタゴラスは初めに決めた音と最もよく協和するのは、オクターブ離れた音を除けば、最初の音の3倍の周波数を持つ音であるとした。最初の音をCとすれば、これと最も協和するのはGである。**図3-3**はCとGのスペクトルを同じ横軸を持つグラフで比較したものである。Cの3、6、9、…倍波と、Gの2、4、6、…倍波は同じ周波数を持

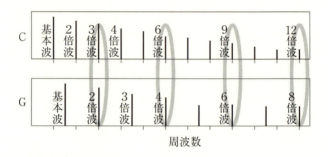

| 図3-3 | 完全5度の協和

根音（たとえばC）の3・6・9・12・…倍波と，5度上の音（G）の2・4・6・8・…倍波の周波数がそれぞれ一致する。

つ。このように共通なスペクトル成分を持つ2音は協和する。

♪ うなりと聴覚の錯覚

最もよく協和するのは同じ周波数を持つ2音である。では，2音の周波数が微妙にずれていたらどうなるだろうか。**図3-4**（a）（b）は周波数が0.5％異なる2つの純音の波形である。この2つを（c）のように同時刻で聴くとどうなるだろうか。（d）は両者をたし合わせた結果である。もとの周波数は認識できるものの，両方の山どうしが重なるあたりでは山が高く，谷どうしが重なるあたりでは谷が深くなっている。それに対して，（a）（b）の片方が山，もう一方が谷になるあたりでは，たし合わせた結果，相殺されて（プラス・マイナス・ゼロとなるから），山も谷も

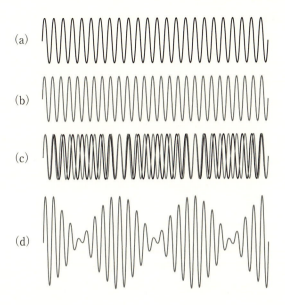

図3-4 | ビートあるいはうなり

(a)と(b)は周波数が0.5％異なる2つの純音。(c)単純に(a)と(b)を重ねて表示した。(d)2音を同時に鳴らしたときに聞こえるうなりの波形。(a)と(b)が干渉し合う。

なくなってしまう。

その結果 (d) のように，振幅が大きいところと小さいところが交互に現れる。もとの2つの波の周波数をそれぞれ f_1, f_2 とすれば，この振幅の大小が出現する周波数はその周波数差 $\Delta f = |f_1 - f_2|$ に等しい。これが物理で言う，**うなり**あるいは**ビート**現象である。Δf を**ビート周波数**という。機械で測った周波数スペクトルにビート周波数

は現れない。

　調律が行き届かない楽器で，例えばCとGの2音を同時に鳴らすとどうなるだろうか。図3-3から想像できるように，Cの3倍波とGの2倍波，Cの6倍波とGの4倍波，Cの9倍波とGの6倍波などの対周波数がきわめて接近するが等しくならない，という状況におちいる。この結果，楽音の重音には不快なうなりが混じる。このように整数倍音間のうなりが重音にかさなる現象を狼のうなり声からの連想で，**ウルフ**という。ただし，ウルフをうなりやビートと同様に用いることもある。

♪ missing fundamental

　このように周波数が近い2つの音を同時に耳にすると，ビート周波数を持つ単音を聞いたように錯覚することがある。この錯覚には意外な使い途がある。

　100Hz，200Hz，300Hz，…，1000Hzの10個の純音を同時に聞くと，基本波100Hzの高さの音を感じる。上記10音から100Hzの純音だけを消し去り，200Hz，300Hz，…，1000Hzの9個の純音を同時に聞いたときにも，100Hzの音の存在を感じる。さらに，200Hzも取り去って300Hzから始まる8音を聞いても，やはり100Hzの音を感じる。この100Hzを **missing fundamental**（存在しない基本波）と言う。この現象のデモンストレーションはウェブを検索すると見つかるので体験していただきたい。

　図3-5において（a）300Hz，（b）400Hz，（c）500Hzの3つの純音を表す信号を同時刻でたし合わせると（d）

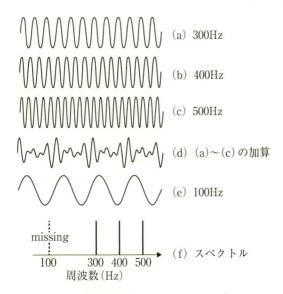

図3-5 | missing fundamental

波形(a)〜(c)を加算すると，(d)を得る。(d)を聞くと，(a)と(b)，(b)と(c)の差を周波数とする(e)を錯聴する。

となる。ここに現れる周期は (a) の $\frac{1}{3}$，(b) の $\frac{1}{4}$，(c) の $\frac{1}{5}$ に相当する100Hzである。図3-5 (f) のスペクトルを持つ音を聞くと，われわれには (e) のありもしない100Hzの純音が混じって存在しているように聞こえる。同時に鳴る複数音の周波数が等差数列をなすとき，われわれはその公差（図3-5の場合は100Hz）にだまされるのだ。

われわれの聴覚は低音になるほど鈍くなるから，この錯聴は低音側で起きやすい。小さなスピーカーやイヤホーンから低音を聞くとき，実はmissing fundamentalを聞いているのである。

3.3 ドとミの甘美な響き —— 純正律

♪ 5倍音が欲しい！

表3-1はピタゴラス音律から選んだ音でつくった長音階（CDEF…，あるいはドレミファ…）の，各音の主音Cに対する周波数比（上段）と，隣り合う2音の周波数比（下段）である。表3-1の上段は，C音の周波数を1とし，5度円で時計回りの順番に $\frac{3}{2}$ あるいは $\frac{3}{4}$ を順次乗じて，G，D，A，…の周波数比としたものである。ただしす

表3-1 | ピタゴラス音律の長音階における，各構成音と主音の周波数比（上段）と，隣り合う2音の周波数比（下段）

C	D	E	F	G	A	B	Ċ
1	$\frac{9}{8}$	$\frac{81}{64}$	$\frac{4}{3}$	$\frac{3}{2}$	$\frac{27}{16}$	$\frac{243}{128}$	2
	$\frac{9}{8}$	$\frac{9}{8}$	$\frac{256}{243}$	$\frac{9}{8}$	$\frac{9}{8}$	$\frac{9}{8}$	$\frac{256}{243}$

でに述べた理由により、Fの周波数は主音より1オクターブ上の$\dot{C}$の完全5度下、あるいはFの周波数を$\frac{3}{2}$倍すると$\dot{C}$音になること、という条件から決める。F音の周波数は$\dot{C}$の周波数の$\frac{2}{3}$、したがって主音のCの周波数の$\frac{4}{3}$である。

表の下段は、隣り合う2音の周波数比である。全音は$\frac{9}{8}$、EF間とBC間の半音は$\frac{256}{243}$である。

ここでもう一度、図1-7（29ページ）を眺めていただきたい。基本波の音に対して、2倍波の音はその1オクターブ上、4倍音は2オクターブ上にくる。この中間の3倍音はピタゴラス音律のGであった。そう考えると、当然次の5倍音も、3倍音が主音と協和するように、主音と協和するはずだ。

2つの楽音を重ねたとき、その2音の周波数比が簡単なほど響きがよいという法則は、古くから知られていた。しかし、ピタゴラス音律の周波数比には2と3しか現れず、5がない。そこで5倍音を2で2回割った、周波数比$\frac{5}{4}$の音が音律の中に欲しくなる。ピタゴラス音律の構成音の中で最もこれに近い音がE（ドレミで言えば、ミ）で、Cに対する周波数比は$\frac{81}{64}≒1.26563$である。そこでこの音の主音Cに対する周波数比を$\frac{5}{4}$（=1.25）に置き換えてし

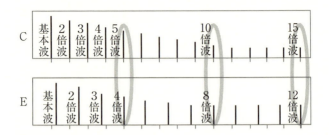

図3-6 | 長3度の協和

根音（C）の5・10・15・…倍波と、その3度上の音（E）の4・8・12・…倍波の周波数が一致する。

まう試みは、ギリシャ時代に早くも行われたが、定着したのは中世であった。

図3-6は、CとGの関係を示す図3-3にならって、Cとこの新しい音Eを楽器で発したときの整数倍波間の関係を示したものである。Cの5, 10, 15, …倍波と、新しい音（図ではEと書いた）の4, 8, 12, …倍波の周波数が一致する。

♪ 純正律へ

現在も再現可能な形で残されている最古の西洋音楽は、8～9世紀に成立したグレゴリオ聖歌である。これはローマ・カトリック教会の典礼のための音楽だが、単旋律であった。ピタゴラス音律で歌われたのだが、ハーモニーを問題にしなかったので、それで十分だった。

10世紀ごろからポリフォニー、すなわち複数の旋律を同

時進行させる音楽が生まれた。これをピタゴラス音律で歌うと,重なった複数の音が不協和になることがある。これを緩和するために,主音に対して $\frac{5}{4}$ 倍という周波数比を持つ音(あるいは,長3度という音程)が持ち込まれた。

周波数比 $\frac{5}{4}$ の音程は民族音楽にも普遍的に存在する。ヨーロッパではイギリスとアイルランドにケルト人の文化として伝承されていた。このケルト人の音律が15世紀ごろ,ピタゴラス音律と融合したらしい。

ピタゴラス音律は2と3という2つの素数の累乗の比だけから構成されている。大きいほうの数が3なので,「3リミットの純正律」とも言われる。3の次に大きな素数は5である。この5の倍数の音列を積極的に導入して整備し,先の「ドとミの響きが協和しない」という問題を解決したのが「5リミットの純正律」である。ふつう純正律と言われるものは,厳密には5リミットの純正律である。

現在の5リミットの純正律は,ギリシャの天文学者プトレマイオス(2世紀ごろ)のノートにある。彼は,$\frac{m+1}{m}$(具体的には $\frac{3}{2}$, $\frac{4}{3}$, $\frac{5}{4}$, $\frac{9}{8}$)および $\frac{2m-1}{m}$(具体的には $\frac{5}{3}$, $\frac{15}{8}$)という周波数比で表される音程で音律をつくることを試みた。もっとも,プトレマイオスは音律を数学の問題ととらえていたらしく,彼が実際この音律で演奏をし

| 表3-2 | 純正律の長音階における，各構成音と主音の周波数比（上段）と，隣り合う2音の周波数比（下段）

C	D	E	F	G	A	B	Ċ
1	$\frac{9}{8}$	$\frac{5}{4}$	$\frac{4}{3}$	$\frac{3}{2}$	$\frac{5}{3}$	$\frac{15}{8}$	2
	$\frac{9}{8}$	$\frac{10}{9}$	$\frac{16}{15}$	$\frac{9}{8}$	$\frac{10}{9}$	$\frac{9}{8}$	$\frac{16}{15}$

たかどうかは疑問である。純正律を音律の形で正式に登場させたのは，スペインのバルトロメ・ラモス（Bartolomé Ramos de Pareja, 1440?-1491?）であった。

表3-2が純正律の長音階における，各構成音の主音に対する周波数比（上段）と，隣り合う2音の周波数比（下段）である。E，A，Bの3音のCに対する周波数比がピタゴラス音律に比べて簡単なこと，また表3-1にはなかった5，15などの5の倍数の存在に注目していただきたい。

♪ オイラー格子

ピタゴラス音律は簡単な規則でつくられたため，構造はわかりやすい。純正律は経験的につくられたため，構造がわかりにくい。ここでは，純正律の構造を図示する試みとして，**オイラー格子**を紹介する[4]。オイラー（Leonhard Euler, 1707-1783）は18世紀の数学界・天文学界の中心的存在であった。今でも大学の講義ではしばしば彼の名前が出てくる。

図3-7はオイラー格子を作る手順である。まず（a）のように数値1を表の中心とし，右方向には3倍し，左方向には3で割り，上方向には5倍し，下方向には5で割ることで十字の各マスの数値を決める。すなわち，素数3と5のべき数をそれぞれ横軸，縦軸にとる。次に縦・横の積で残りのマスを埋める。この行列は上下左右に無限に続くが，図では1を中心に5行5列の範囲だけを取り出した。

次に（b）のように，行列（a）の数値に2の累乗をかけたり，2の累乗で割ったりして，各数値が1と2の間に入るように調整する。ピタゴラス音律をつくる際に2の倍数で適当に割ったが，あれと同じ操作である。図3-2（a）と同じらせんが5リミットの純正律にも存在するとし，3リミットと5リミットのどちらの場合も，上がるときには2で割り，下がるときには2をかけて調節した結果である。

（c）が完成形である。ここでは中心を主音Cとし，行列（b）の各数値をオクターブ以内の主音に対する周波数比とみなして音名に書き換えている。隣り合うマスの音程は，右方向には完全5度上がり，左方向には完全5度下がり，上方向には長3度上がり，下方向には長3度下がる。

（c）の上から3行目（B♭FCGD）を左右にマスを拡張すれば5度円の配列になる。じつはどの行も5度円なのだ。しかしどの行も左右に無限に延びて，円として閉じることはない。図3-2（a）のらせんを引き延ばすことを想像していただきたい。B♭，G♭など，同じ音名が登場するが，図（a）（b）に戻ればわかるように，場所が変われば

(a)

25/9	25/3	25	75	225
5/9	5/3	5	15	45
1/9	1/3	1	3	9
1/45	1/15	1/5	3/5	9/5
1/225	1/75	1/25	3/25	9/25

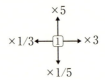

(b)

25/18	25/24	25/16	75/64	225/128
10/9	5/3	5/4	15/8	45/32
16/9	4/3	1	3/2	9/8
64/45	16/15	8/5	6/5	9/5
256/225	128/75	32/25	48/25	36/25

すべてのマスの値が 1～2の間に入るように 2の累乗で乗除する。

(c)

F#	C#	G#	D#	A#
D	A	E	B	F#
B♭	F	C	G	D
G♭	D♭	A♭	E♭	B♭
E♭♭	B♭♭	F♭	C♭	G♭

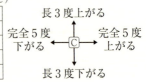

図3-7 オイラー格子

(a)中央のマスを1とし，水平方向のマスに3の累乗，垂直方向には5の累乗をとり，縦・横の積で残るマスを埋める。(b)各マスの数値が1以上，2未満となるように，2の累乗で乗除して調整する。(c)中央のマス（1）をCとし，残りの各マスの数値をCに対する周波数比とみなして音名に変換する。

ぜんぶ同名異音である。上下にも無限に延びて，新しい音が次々に登場する。図3-7（c）に記号♭♭が顔を出しているのはこのためである[*1]。

オイラー格子でL字をつくる3つのマスを選ぶと，その3つの音は左下の音を根音とする長3和音をつくる。たと

[*1] 音名の付け方は，H.C.Longuet-Higgins, *Mental processes: Studies in cognitive science.* The MIT Press.（1987）による．

(a)
F#	C#	G#	D#	A#
D	A	E	B	F#
B♭	F	C	G	D
G♭	D♭	A♭	E♭	B♭
E♭♭	B♭♭	F♭	C♭	G♭

(b)
F#	C#	G#	D#	A#
D	A	E	B	F#
B♭	F	C	G	D
G♭	D♭	A♭	E♭	B♭
E♭♭	B♭♭	F♭	C♭	G♭

図3-8 オイラー格子における長音階と長3和音

灰色の3マスは長3和音，太線で囲んだ7マスは長音階の構成音。(a)ハ長調，(b)ヘ長調の場合。

えば，**図3-8**（a）で灰色に塗った3マスのECGはCを根音とする長3和音，同様に，（b）のAFCはFを根音とする長3和音である。L字パターンが保たれる限り，表のどこにあっても長3和音をつくる。さらに，連続する2行から左端をそろえて上3マスと下4マスを選ぶと，その7音は長音階の構成音となる。たとえば，図3-8（a）で太線で囲んだ7マスはハ長調，（b）はヘ長調の構成音である。この横に長いL字パターンを平行移動すると，次節で述べる移調・転調を実行したことになる。

3.4 純正律の泣きどころ ——転調

♪ ウルフ，大半音と小半音，大全音と小全音

ピタゴラス音律のA音はD音の周波数を$\frac{3}{2}$倍してつくっ

たので、この2音は完全に調和した。ところが表3-2によれば、純正律では完全5度の関係にあるはずのDA間の周波数比は $\frac{5}{3} \div \frac{9}{8} = \frac{40}{27}$ で、$\frac{3}{2}$ からずれている。図3-3に示したように、完全5度では低い音の3倍波の周波数と高い音の2倍波の周波数が完全に一致するべきである。周波数がずれていると、図3-4に示したようにうなりを生じる。その結果、2つの楽音（倍音を含む音）を同時に聞くとウルフを感じる。

Dの3倍波 $\left(\frac{9}{8} \times 3\right)$ とAの2倍波 $\left(\frac{5}{3} \times 2\right)$ の周波数比は $\frac{9}{8} \times 3 \div \left(\frac{5}{3} \times 2\right) = 1.0125$ である。純正律の中央D音の周波数は297Hz、中央A音の周波数は440Hzであるから、Dの3倍波891HzとAの2倍波880Hzとで生じるうなりの周波数は11Hzである。このうなりに起因するウルフが純正律の泣きどころとなった。

もう一度表3-2に戻ると、下段の全音の幅に $\frac{9}{8}$、$\frac{10}{9}$ の2種類があることがわかる。したがって半音も少なくとも2種類は必要である。1つは、表3-2のEF間やBC間の周波数比 $\frac{16}{15}$ で、これを大半音という。もう1つは長3度と短3度の周波数比で、これを小半音という。たとえば、長3度としてCE間の周波数比を計算すると $\frac{9}{8} \times \frac{10}{9} = \frac{5}{4}$、

短3度としてAC間の周波数比を計算すると $\frac{9}{8} \times \frac{16}{15} = \frac{6}{5}$ であるから，小半音の周波数比は $\frac{5}{4} \div \frac{6}{5} = \frac{25}{24}$ となる。セント値では，大全音は204セント，小全音は182セント，大半音は112セント，小半音は70セントである。

　小半音と大半音をたすと 70 + 112 = 182セントで，小全音と一致する。これはいいのだが，大半音を2つたすと 112 + 112 = 224セントで，大全音204セントより大きくなる。すなわち，半音を2つたすと全音になるという計算は，純正律には完全には当てはまらない。

　純正律では，ある音に♯をつけた音と，その全音上の音に♭をつけた音とは異なる。すなわち異名同音ではなく，異名異音となる。純正律では半音が♯で定義されるか，♭で定義されるかが明示されなければならない。

♪ 転調とは

　曲の途中で主音を変えたり，長調・短調を入れ替えたりすることを**転調**と言う。ピタゴラス音律も純正律も現在は使われないが，その大きな原因は転調にある。転調がうまくできないために，これらの音律が消え去ってしまったのである。

　付録に示した図H-1はハ長調の長音階だが，この主音を5度下げると図H-2に示すヘ長調の長音階になる。長音階にはCを主音とするもの，C♯を主音とするもの，Dを主音とするものなど12種類の調性がある。また，短音階にも

Aを主音とするもの，A♯を主音とするもの，Bを主音とするものなどの12種類がある。これらの調性を日本語ではハ長調，イ短調などと呼び，英米流ではCメジャー（C major），Aマイナー（A minor）などと呼ぶ。長調がメジャー，短調がマイナーである。

転調とは，曲の途中で，別な音階に乗り換えることである。長音階（短音階）から主音が異なる別な長音階（短音階）に乗り換えることもあるし，長音階（短音階）から主音が同じ短音階（長音階）に乗り換えることもある。

テレビの歌番組で2人の歌手が同じ歌を順番に歌うとき，1番と2番の間で転調することがある。2人の声域の違いを転調してカバーしているのである。しかし，本来の転調は曲想から必然的に生じるものだ。『青い眼の人形』（本居長世作曲），『城ヶ島の雨』（梁田貞作曲），『帰れソレントへ』（イタリア民謡），『I Love Paris』（コール・ポーター作曲）のように同名の長調と短調の間，たとえばハ長調とハ短調の間を行き来する曲は多数ある。荒井由実（松任谷由実）作曲の『中央フリーウェイ』は，はじめから「派手に転調してやろう」とたくらんでつくられたようである。ポピュラーな曲ではブリッジ（さび）と呼ばれる中間部分で転調し，ふたたびもとに戻る構成を持つものも多い。

♪ 純正律で転調すると……

純正律で転調すると何が起きるだろうか。表3-2のCから始まる長音階（ハ長調）から，Aから始まる短音階（イ

短調）に移行し，主要3和音の1つDFAを鳴らすと，DAのウルフが邪魔になる。じつは純正律の自然短音階では，A，B，C，D，E，F，G，Ȧという音列の構成音の主音Aに対する周波数比を

$$(A, B, C, D, E, F, G, \dot{A})_{\text{minor}} = \left(1, \frac{9}{8}, \frac{6}{5}, \frac{4}{3}, \frac{3}{2}, \frac{8}{5}, \frac{9}{5}, 2\right)$$

としていた。表3-2の長音階を，Aを主音として，上と同じ書式で書くと

$$(A, B, C, D, E, F, G, \dot{A})_{\text{major}} = \left(1, \frac{9}{8}, \frac{6}{5}, \frac{27}{20}, \frac{3}{2}, \frac{8}{5}, \frac{9}{5}, 2\right)$$

となり，Dの周波数を修正していることがわかる。長調間の転調でも，例えばCから始まるハ長調から，Dから始まるニ長調に移行すると，D，Aがニ長調のドとソに変わってしまい，このままではウルフが発生する。

　無伴奏で歌っている限り，純正律でも転調は原理的には自由である。バイオリン属の弦楽器も，調弦により開放弦の音程が決まっているという制限はあるものの，比較的自由に転調できる。これらの場合は，歌手または奏者がウルフを回避するように音程を修正してしまえばよい。

　転調や移調で問題が生じるのは，鍵盤楽器である。初期

のオルガンには白鍵だけがあればよかった。14世紀ごろから弦楽器や歌声と合わせるために転調が要求されるようになり、鍵盤楽器に黒鍵が加わった。純正律は音楽の現場では使いものにならなかったので、当時鍵盤楽器ではもっぱらピタゴラス音律が用いられたと推測される[15]。

♪ では、ピタゴラス音律の転調は……

ピタゴラス音律も転調の問題をかかえている。「ピタゴラスのコンマ」が悪さをするのだ。5度円上には、コンマを調節するために、1つだけ他より短い弧が存在する。この弧をE♭G♯間に置いた場合を考えよう。

ピタゴラス音律では半音の幅に大半音、小半音の2種類があった。全音の幅は小半音と大半音の和でなければならない。大半音の周波数比は表3-1から $\frac{9}{8} \div \frac{256}{243} = \frac{2187}{2048}$ という半端な数になるので、旋律には使えない。したがって、ピタゴラスの長音階は5つの全音と2つの小半音からなり、ミとシは小半音でなければならないことになる。

これらの諸条件は「音階がコンマをまたがないこと」と同等である。**図3-9**では、コンマをE♭G♯間に置いたときの5度円を長方形に展開し、各調における音階構成音を横線で示した(たとえば変ロ長調〈図ではB♭ key〉の構成音はE♭から始まるB♭、F、C、G、D、Aの7音である)。音階がコンマをまたがないということは、図3-9右の横線が、左のE♭と右のG♯の間に収まることに等しい。この条件を満たす音階は、B♭、F、C、G、D、Aを主

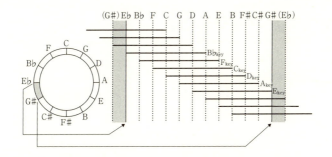

図3-9 ピタゴラス音律ではコンマをまたぐ転調はできない

右図では直線が調性を表す。C_{key}，F_{key}，…はハ長調，ヘ長調，…である。E♭とG♯で囲まれた範囲からはみ出さない直線の調性のみが相互に転調可能。

音とするものだけであることがわかる（この6つ以外の音階は，コンマに起因する短弧E♭G♯をまたぐ）。転調も，この6つの調性の間でのみ可能である。

図3-1（b）の5度円では短弧をFC間に置いた。この配置では，Cから始まる長調（ハ長調）が短弧FCをまたぐことが，図3-9から類推できる。図3-10に示す短弧の配置が一般的である。

ピタゴラスの名誉のために付け加えると，転調などは彼の関知するところではない。なにしろ，ピタゴラスの時代には鍵盤楽器は存在しなかった。転調の問題が生じたのは，彼の死後1000年以上たってからのことである。

3.5 平均律の功罪

♪ 平均律では協和度が低い

ピタゴラス音律と純正律以外にも、ウルフ問題や転調問題を解決するために、歴史的にはたくさんの音律が試みられた。そして平均律の登場によって、これらの問題は一挙に解決された。しかし、平均律はある種の合理化であって、合理化には弊害がつきものだ。この場合の弊害は、2音以上を同時に鳴らしたときに響きが悪いこと、つまり純正律に比べて協和度が低いことである。

表3-3に、主な音程の周波数比が純正律と平均律でどの程度違うかを示した。このように、平均律では構成音の主音に対する周波数比が整数比からずれているので、表3-3の協和音を奏でたとき、倍音間にウルフを生じる。

このウルフはピアノの調律に利用されている。中央C音の2倍波（261.6Hz×2）と、その完全5度下のFの3倍波（$\left(\frac{1}{2}\right)^{\frac{7}{12}} \times 261.6\text{Hz} \times 3$）とのうなりは0.59Hz、Cの3倍波（261.6Hz×3）と上のGの2倍波（$2^{\frac{7}{12}} \times 261.6\text{Hz} \times 2$）とのうなりは0.89Hz、…などとなる。完全4度の2音と完全5度の2音（これらは周波数比が3対4あるいは2対3となる2音に対応する）を、うなりを数えながら、繰り返して編み上げるように調律していくのが、一般的な調律法だという。著者はピアノの離れた2音を同時に聴いても、うなりの存在すらわからないことが多い。プロの調律師はす

| 表3-3 | 純正律と平均律における主な音程の周波数比の比較

音程	純正律の周波数比		平均律の周波数比
	分数表示	小数表示	
短3度	$\frac{6}{5}$	1.2	1.189207
長3度	$\frac{5}{4}$	1.25	1.259921
完全4度	$\frac{4}{3}$	1.333…	1.334839
完全5度	$\frac{3}{2}$	1.5	1.498307
長6度	$\frac{5}{3}$	1.666…	1.681792

ごい！

♪ ピアノとともに広まった平均律

　平均律の普及は，ピアノが大量生産されるに至った時期と同期している。たくさんの調律師を短期間で画一的に教育するために平均律が採用されたのである。社会学者マックス・ウェーバー（Max Weber, 1864-1920）はピアノという楽器を「音楽の合理化」ととらえている[1]。

　弦楽器は，弦をまず押さえて，次に擦ったり弾いたりしないと，出したい音が出ない。管楽器では吹く動作に加えて，サックスではキーやレバーを操作するし，トランペッ

---

[1] 安藤英治 『マックス・ウェーバー』 講談社学術文庫（2003）．とくに「音楽社会学」の紹介．

トではバルブを押さえるし，トロンボーンではスライドさせる。しかしピアノはワンタッチで音が出る。おまけに大音量で，メロディとハーモニーを同時に弾ける。この楽器自体の高性能は高度なメカニズムに裏打ちされたものであり，ピアノに比べると他の楽器はまったく素朴で原始的なものにみえる。唯一の例外はパイプオルガンだが，ピアノに比べるとはるかに大型かつ大重量だから，「一家に1台」とはいかない。ウェーバーはこうしてピアノが普及し，そしてピアノとともに平均律が普及したというのだ。

3.6 ミーントーンとウェル・テンペラメント

♪ 甘く美しい長3度

　いままでに名前が挙がった音律は，ピタゴラス音律，純正律，平均律である。この節では，歴史的には純正律と平均律の中間期に人々に愛された音律，ミーントーンとウェル・テンペラメントを紹介する。ミーントーンやウェル・テンペラメントの演奏はもちろん，ピタゴラス音律や純正律の演奏も，いまではCDで聴くことができる。またインターネットでは，同じ曲の複数の音律による聴き比べができる。逆に言えば，積極的に聴く気にならなければ，これらの音律はめったに耳にすることはないことも事実である。

図3-10(b)はピタゴラス音律の5度円である。この音律で5度円を閉じるためには，すでに述べたように円弧の1つを短くしなければならない。図3-1(b)では弧FCを短くしたが，図3-10(b)では広く行われているように，弧G♯E♭を短くした。キャプションでは，この短い5度をウルフと書いた。

　どこの円弧を短くするにせよ，短弧をはさむ長3度，図3-10(b)の場合は直線で結んだB・E♭，F♯・B♭，C♯・

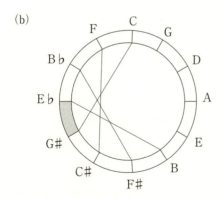

| **図3-10** | **ピタゴラス音律**

(a)楽譜の音符間に大半音（W）と小半音（N）を示した。(b)5度円上では直線で結んだ音程が長3度に近くなる。灰色の弧はウルフを表す。

F，G♯・Cの音程は，$\dfrac{9}{8} \times \left(\dfrac{256}{243}\right)^2 = 1.2485\cdots$ となる。これは大半音1つと，小半音3つがつくる音程であるが，ピタゴラス音律本来の，全音2幅がつくる $\left(\dfrac{9}{8}\right)^2 \fallingdotseq 1.266$ よりもずっと $\dfrac{5}{4} = 1.25$ に近い。怪我の功名である。ピタゴラス音律を持つ鍵盤がこの周波数比1.2485…を奏でたことが，周波数比 $\dfrac{5}{4}$ の甘く美しい響きを当時の人々に知らしめたと言われる[16]。

♪ モーツァルトが愛したミーントーン

さて，周波数比 $\dfrac{5}{4}$ の長3度音程の魅力を取り入れて，しかも転調・移調も行いたい。それぞれを実現するには「2つの音の周波数比は整数比でなければならない」というルールを少々いじるしかない。そこで登場した**ミーントーン**（中全音律）は，長3度を優先するために完全5度を犠牲にして，しかもある程度の転調・移調を可能とした最初の音律であった。

ピタゴラス音律でCから5度上昇を4回繰り返すと，2オクターブ上のË となる。5度の周波数比は $\dfrac{3}{2}$ で，これを4回繰り返したのだから，周波数比は $\left(\dfrac{3}{2}\right)^4 = 5.0625$ で

ある。ミーントーンはこのË を,「2オクターブ上のC̈ に純正律の長3度を加えてつくったË 」とみなし,そこから周波数比 $\frac{3}{2}$ の近似値を導く。

純正律の長3度の周波数は $\frac{5}{4}$ だから,ここで用いるË に対するCの周波数比は,$2 \times 2 \times \frac{5}{4} = 5$ となる。ミーントーンでは,この周波数比5を5度上昇を4回繰り返して得られるものとみなし,「方程式 $x^4 = 5$」の解 x を5度とするのである。結果は $x = 1.49534\cdots$ となり,$\frac{3}{2} = 1.5$ の近似値としてはまあまあである。

ただし図3-11(b)に示すように,5度円を閉じるためには1ヵ所の円弧,図では弧G♯E♭を他よりも長くしなければならない。ここではウルフを生じる。また,根音に対する長3度の音程の周波数比が $\frac{5}{4}$ となるのは,図のように直線がウルフの弧を挟まない場合に限られる。図3-11(a)にはミーントーンのオクターブを半音おきに書いたが,やはり大半音Wと小半音Nの2種類がある。

ピタゴラス音律に比べ転調・移調の可能性は増大したので,17世紀から19世紀にかけてミーントーンは広く用いられた。モーツァルト（Wolfgang Amadeus Mozart, 1756-1791）はもっぱらミーントーンで音階が成り立つ調性を選んで作曲した。

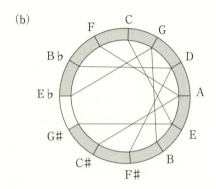

| **図3-11** | **ミーントーン**

(a)大半音(W)と小半音(N)。(b)5度円では,直線で結んだ2音の音程が純正長3度。白い弧だけが他より長い。

　　ミーントーンは中全音律と訳される。これは,3音の両端が周波数比 $\frac{5}{4}$ をなすときに,中間音の最低音に対する周波数比が $\sqrt{\frac{5}{4}} = \frac{\sqrt{5}}{2}$ となることに由来する。

♪ バッハの「平均律」は「ウェル・テンペラメント」だった

　　ミーントーンに続いて,ピタゴラス音律とミーントーン

の折衷案が登場する。ミーントーンの5度のうちの一部を，周波数比$\frac{3}{2}$の完全5度に置き換える案である。具体的にどこを置き換えるかで，さまざまな音律が生まれる。代表的なものにヴェルクマイスター，キルンベルガー，ヤングなどがある。これらをひっくるめて**ウェル・テンペラメント**と呼ぶ。部分的に置き換えたために，調によって和音の響きや旋律の感じが変わるのが特徴である。

　図3-12左に示したのはそのうちの1つ，キルンベルガー第3法の5度円である。CG，GD，DA，AE間の音程はミーントーンの5度に等しく，EB，BF♯，C♯G♯，G♯E♭，E♭B♭，B♭F，FC間はピタゴラスの5度，すなわち完全5度である。残るF♯C♯間にはこうした設定のしわ寄せが来て，その音程は700.001セントとなり，およそ平均律の5度（700セント）に等しい。この図にも楽譜で音律の隣り合う音程にW，Nを書き入れてみたかったのだが，半音の音程が数種類あるのであきらめた。

　図3-12右には復習としてピタゴラス音律，ミーントーン，平均律に対応する3つの5度円を，弧長の違いがわかる形で示した。もちろん平均律では5度円は正確に等分割される。

　ウェル・テンペラメントを用いれば，すべての調性で演奏が可能である。ただし♯，♭の少ない調ではミーントーンに近く和音の響きがよく，♯，♭が多い調ではピタゴラス音律に近く旋律的になる。平均律では，調性を変えても音の高さが相対的に変わるだけで，曲の表情が一変すると

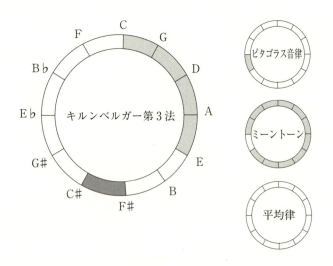

図3-12 キルンベルガー第3法の5度円と，他の音律の5度円との比較

キルンベルガー第3法の5度円では白い弧が完全5度，うすい灰色の弧がミーントーンの5度，濃い灰色の弧は特異な音程をとる。右には，他の音律の5度円の分割角の大（白）小（灰色）を示した。

いうことはない。ウェル・テンペラメントでは演奏にも作曲にも，もっといろいろな選択肢があったことになる。

バッハ（Johan Sebastian Bach, 1685-1750）の『平均律クラヴィア曲集』には，12の調性に対しそれぞれ長調と短調の曲がある。原題は『Das Wohltemperierte Klavier』で，これを英訳すれば「The Well-Tempered Clavier」すなわち「よく調節されたクラヴィア」となる。一説によれば，この曲はヴェルクマイスター音律のために作曲された

そうで，バッハがこの音律の特徴である和音的な調と旋律的な調を使い分けて用いているのが，その証拠とされる。「この曲名を平均律クラヴィア曲集と訳すのはよろしくない。いかにも平均律用に作曲したように誤解される」というご高説はあちこちで聞かされる。しかしCDなどのタイトルは，相変わらず『平均律クラヴィア曲集』である。

　ウェル・テンペラメントはその後，ロマン派の時代を経て，20世紀初頭のドビュッシーの時代あたりまで使われた。

3.7 　純正律を鍵盤で

♪ コンマをもっと小さく

　協和音重視という意味で，純正律は理想の音律である。この純正律に従って，さらに転調もしたいと欲張ったとき，多種多様な楽器の中で最も対応が困難なのが鍵盤楽器である。ミーントーンやウェル・テンペラメントは，鍵盤楽器で純正律をなんとか実現したいという試みの結果であった。この節では転調可能な純正律を鍵盤で，異なる角度から実現しようとした試みを紹介する。

　もう一度，ピタゴラス音律のつくり方を復習しよう。2.1節に示したように，出発点となる第1音（主音）の周波数を3倍し，2で割って第2音を得た（第2音対主音の周波数比は1.5である）。次に，得られた第2音の周波数を

3倍してから2^2で割り,周波数比1.125を持つ第3音を得た。同様な手順を繰り返し,周波数比1.6875の第4音,1.265625の第5音,…などを得る。さらに続けると周波数比1.02364の第13音が現れる。ピタゴラスはこの比を1とみなし,音を主音と同じ音であるとした(あるいは1.02364×2=2.02728をオクターブの周波数比2とみなした)。そして音律は1オクターブに12の音を持つとした。

ピタゴラスは「一致した」として12音律を導いたが,厳密には一致しなかった。$3^{12} = 531441$ と,この数に最も近い2の累乗である $2^{19} = 524288$ の違い,比で言えば1.01364…がピタゴラスのコンマを生んだのである。2と3は互いに素だから,3のm乗と2のn乗が等しくなるmとnの対は存在しない。しかし,もちろん3のm乗と2のn乗の2つの値が近づくことはある。最初のニアミスが $m=12$, $n=19$ のときだったので,12音からなる音律ができたわけである。

図3-2(a)に示したらせんをもっと上下に延ばして,すなわちmを12からどんどん大きくしていくと,次のニアミスは $m=53$, $n=84$ のとき,$3^{53} \fallingdotseq 19.383 \times 10^{24}$ と $2^{84} \fallingdotseq 19.343 \times 10^{24}$ の間で起こる。これらの比は1.00209…となり,$m=12$, $n=19$ のときの1.01364…に比べて1桁改善される。この0.00209…のコンマに目をつぶり,オクターブをピタゴラス流に53分割した音律をつくれば,ほとんど転調自在なピタゴラス音律ができる。

この53音ピタゴラス音律では,(0.00209…のコンマに目をつぶれば)転調が可能なのは当然だが,純正律を近似す

ることもできる。もちろんピタゴラス音律のルールで12を53に増やしても，主音に対する周波数比が$\frac{5}{4}$の音，すなわちCを主音としたときの純正E音は出てこない。しかし，周波数比が$\frac{5}{4}$にきわめて近い音は出てくる。周波数比$\frac{3^{45}}{2^{71}} \fallingdotseq 1.2512$がその音を与える。同様に，53音ピタゴラス音律は，5リミットの純正律のE以外の音もよい近似で実現できる。

♪ 53音平均律

 53音ピタゴラス音律は，周波数を3倍するという操作を繰り返してつくった。しかし，多数の音から選んで近似的に純正律をつくるのなら，12より十分大きい数mによるm音平均律から，純正律に近い音を選び出すほうがわかりやすい。この方向で有名なのも，やはり53音からなる53音平均律である。なぜ$m=53$かと言えば，完全5度をほぼ完全に実現できるからであって，それはこの音律における1オクターブの分割が，53音ピタゴラス音律とほぼ同じだからにほかならない。53音ピタゴラス音律のコンマを各構成音に分散すると，53音平均律になるということもできる。

 この53音平均律では，周波数が2の53乗根，すなわち$2^{\frac{1}{53}}$倍ずつ高くなっていく。これを用いて長音階をつくると主音をCとすれば，カッコ内を$2^{\frac{1}{53}}$を単位とする音幅の数として

C−(9)−D−(8)−E−(5)−F−(9)−G−(8)−A−(9)−B−(5)−C

となる。たとえば，DのCに対する周波数比は$2^{\frac{9}{53}}$である。全音には8単位と9単位の2種類があり，半音は5単位で，上の数列に出てきた数をたせば

$$9+8+5+9+8+9+5=53$$

である。この53音平均律で純正律との誤差が最も大きくなるのは長3度で，純正律で$\frac{5}{4}=1.25$ となるところが1.24898…となる。

図**3**-**13**は，ボサンケ（R. H. M. Bosanquet, 1841-1912）が1876年につくった53音平均律用の鍵盤である。このような鍵盤で演奏するのは現実的とは思えない。現在では電子楽器のために，8.3節で述べるようにAI技術を駆使して，12音鍵盤にタッチしたとたんに，純正律に換算して音を出してくれて，移調・転調も思いのままというソフトウェアも実現して

図**3**-**13** ボサンケの53音平均律用の鍵盤

提供：Getty Images

♪ オクターブに26の鍵を持つ純正律オルガン！

　一方で，ピタゴラス音律や平均律とは独立に，純正律の構成音に対する鍵（キー）を持つ鍵盤楽器をつくる試みもあった。例えばヘルムホルツ（Hermann von Helmholtz, 1821-1894）は1オクターブに32の鍵盤を持つ純正律オルガンを考案している。理工系の方には，彼の名はコイルの名称，あるいはエネルギー保存則，あるいは流体力学での渦定理などでおなじみであろう。ドイツの彼のもとに留学した田中正平（1862-1945）も1オクターブが26鍵のオルガンを発明して，ドイツ政府からも日本政府からも賞金を得た。このオルガンは何台か現存している。

　図3-14(b)は田中正平作のオルガンの鍵盤の1オクターブである。図（a）は図3-7に示したオイラー格子から上4段を取り出し，左右に拡張したもので，ここに示した26音が鍵盤に割り振られている。オイラー格子では段（行）が異なると同名異音になるので，図3-14（a）では3段目より上，上からの2段目の各音に「＋」，1段目の各音に「＋＋」をつけ，また下の4段目の各音には「－」をつけて区別した。

　このオイラー格子の各音が図3-14（b）のように各鍵に割り振られる。図3-8に示したように，図3-14（a）のF，C，G，D，A＋，E＋，B＋が純正律の長音階を構成する。これらを図（b）の白鍵に割り振る。図（a）の1段目と4段目の，どちらかの段の音が一括して奥の黒鍵に割

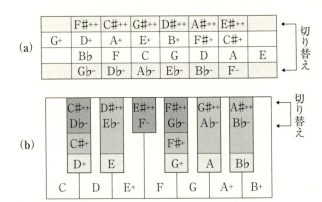

図 3-14 | 田中正平の鍵盤 [15]

(a) 鍵盤を構成する26音のオイラー格子上の位置。(b) 鍵盤への音の割り振り。最奥の黒鍵には，オイラー格子の第1段の音と第4段の音が二重に割り当てられていて，一挙に切り替えられる。

り振られる。シャープ系の調性の曲では1段目，フラット系の調性の曲では4段目を使うように，鍵盤では一括して切り替える。切り替えは鍵盤の下で膝を使って行う。

このオルガンで転調が激しい曲を演奏することはやはり困難らしい。文献［14］によれば，あらゆる調性で純正律を実現するには，長調・短調で違う音を使うことも勘定に入れると，オクターブに69の音が必要とのことである。田中正平の鍵盤では，切り替えても実現できる音は26に過ぎないから，実現できる調性は限られる[15]。

第4章

なぜドレミ…が好き？
―― 音楽の心理と物理

4.1 2重音の心理と物理

♪ なぜ純正律か?

ドレミ…の成り立ちをさかのぼると、12音からなるピタゴラス音律に行き着く。しかしこの12音は、いわば数学的な操作で決められたものに過ぎない。それでは、数学的に決められたピタゴラス流の音のデジタル化が、なぜ「音楽」として受け入れられるに至ったのだろうか？

ここではこの問題をサイコフィジックス（心理物理学、精神物理学とも言う）の視点から検討する。2つの「楽音」を同時に聴いたときの「協和度」の心理学的実験のデータから出発して、ピタゴラス音律や純正律がなぜ人々に受け入れられたかを示す。ここで対象とする「楽音」は、基本波とその整数倍波から合成されているものとする。

この章の結論を先に言ってしまうと、純正律のドレミ…が受け入れられたのは、人々に好まれたからである。なぜ好まれたかというと、純正律のドレミ…の構成音は（レとシを除けば）主音ドと重ねて聞くと協和するからである。音律の構成音に対する協和の追求は、ピタゴラス音律で芽生え、純正律で完成した。音を重ねることを条件とすると、ピタゴラス音律から純正律への流れは必然であった。そして、その後の音律の推移は純正律に付かず離れずで、その上で転調などの複雑な要求も満たす音律が模索されてきたのだった。

第4章 なぜドレミ…が好き？

♪ 多数決で心地よさを測る

それでは，重音を聞くときの心地よさ，すなわち協和の考察を始めよう。たとえば，ピアノで隣り合う白鍵と黒鍵を同時に押したときの重音は，協和するとは言えない。このような事実を科学的に示す心理学の実験がわれわれの出発点である。

たくさんの音を同時に聴いたときの協和・不協和は，結局，2つの音を同時に聴いたときの協和・不協和を数値化し，たし合わせたものと考えられる。そこで「協和度」を定量化する心理学実験では，多くの被験者に音高の異なる2音を同時に聞かせ，不協和と感じる人数にもとづいて客観的な**不協和度**を算出する。いわば多数決で心地よさを決めるのだ。この結果をもとに不協和度Dを次のように定義する。

全員が不協和とすれば不協和度$D=1$であり，だれも不協和と感じなければ $D=0$ である。すなわちDは0と1の間にある。$C=1-D$ により**協和度**Cも定義できるが，この本ではもっぱら不協和度Dを使う。

♪ 不協和の心理

楽器の出す音のスペクトルは複雑なので，心理学実験では単一なスペクトル線だけを持つ音，すなわち純音を使う。被験者に周波数が離れた2つの純音を重ねて聞かせるのだが，一方の周波数を固定し，他方の周波数を徐々にこれに近づけていき，その都度協和か不協和かを判定させる。このように周波数差を徐々に小さくしていくと，2つ

の純音による重音の不協和度Dは，周波数差に直接依存するという結果が出た。

しかし不協和とは何だろうか。周波数が近い2音は，多くの被験者に不協和と判定される。実際に何人かに聞かせた結果は，不協和イコール不快といった単純なものではなかった。「へんだ」「奇妙だ」「気持ち悪い」などの否定的な感想が大勢を占めたが，「浮遊感」「おもしろい」という肯定的な感想もあった。このように，不協和は明確には定義できない。定義があいまいなままで実験してしまうのはちょっと心配だが，それでも以下に示すように，説得力のある結果が導かれた。このあたりは，ファジー制御（あいまい制御）が成果をあげるのと似ている。

ここで用いた「不協和」はdissonanceの訳語である。ちなみに不協和の反対語，「協和」の英語はconsonanceである。

♪ 不協和曲線

2音の周波数差が十分に大きいときは，2音を同時に鳴らしても不協和感はない。このとき不協和度$D=0$である。周波数差をせばめていくと，あるところから不協和感が生じ，2音の周波数差が近接するにつれ，さらに不協和感は増す。しかし周波数差が認識できないほど小さくなれば，不協和感は消える。音楽の専門家でない多数の被験者を対象に，この不協和度が周波数差とどのように関連するかを調査し，グラフに示した結果が**図4-1**である。

この曲線を**不協和曲線**という。図の左側の縦軸，不協和

第4章 なぜドレミ…が好き？

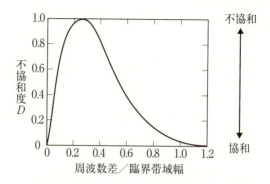

図4-1 | 不協和曲線

根音とそれより高い音を同時に聞いたときの不協和度D（縦軸）。横軸は高い音と根音の周波数差を臨界帯域幅で割った値。

度の目盛りは，下が0で上が1であるから，上に行くほど不協和度が大きい。横軸は「高い音と根音の周波数差を臨界帯域幅で割った値」とある。ここで根音とは2音のうち低いほうの音で，実験では根音の周波数を固定した。したがって横軸は2音のうち高いほうの音高に比例する。

われわれ人間には，あまり高い音や低い音は聞こえない。聞こえるとしても，かろうじて聞こえる程度の高音域と低音域では，音の高低の判断が甘くなる。したがって不協和曲線の横軸に生の周波数を取ると，根音の音高によって何枚もの図を描くことが必要になる。横軸を「臨界帯域幅で割った値」とすれば，図は1枚で済む。

臨界帯域幅は2音の周波数差で定義される。2音が臨界帯域幅内にあれば，程度の差はあるが重音は不協和であ

る。臨界帯域幅の外側では２音は分離して聞こえ，不協和感を伴わない。不協和度が最大になるのは（$D=1$ となるのは），周波数差が臨界帯域幅の約 $\frac{1}{4}$ のときである。

このグラフは1960年代に描かれたものだが，現在も協和・不協和を定量的に論じる際の基礎となっている。なお，ここで言う「協和」は不協和感を与えないという消極的な意味である。一般には「協和」と言うと，「聞いて心地よい」という積極的な意味で用いるので，注意が必要である。

4.2 同時に鳴る２つの音をどう聞くか？

♪ ２音の関係をさらに調べる

図4-1で出てきた「臨界帯域幅」について詳しく説明しよう。高さが異なる２つの純音を鳴らしたとき，高低差（周波数差）をゼロからしだいに大きくしていくと，次の５段階の変化を感じる。

(1) 高低差がゼロなら，当然１つの音すなわち単音にしか聞こえない。
(2) すこし差を広げると，単音にうなりが重なって聞こえる。単音として聞こえる音の周波数は２音の平均，うなりの周波数は２音の差である。

(3) さらに差を広げると、うなりは消え、2音の平均周波数を持つ単音だけが聞こえる。ただしゴロゴロした感じがある。
(4) さらに差を広げると、2つの音が認識できる。ゴロゴロ感は残る。

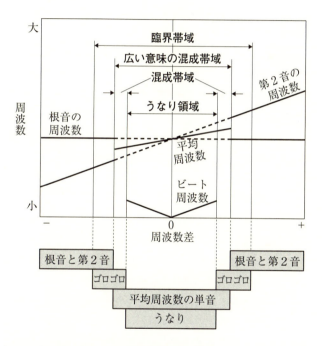

図4-2 | 周波数が近接した2音の聞こえ方 [3]

横軸を2音の高低差（周波数差）とする。根音の周波数は一定に保ち、第2音の周波数を根音より小さい値から大きい値へ変化させる。太線でわれわれに聞こえる周波数を、破線で認識しない周波数を示す。グラフの下に、各領域でわれわれに聞こえる音の実態を示した。

(5) さらに差を広げると,ゴロゴロ感も消え,2つの独立した純音が聞こえる。

図4-2にこの感覚を模式的に示した。図の横軸が2音の周波数差である。根音の周波数は一定としたので水平な直線で表される。第2音の周波数を根音より低いところから始めて,高いところまで大きくしていくと,右上がりの直線となる。

図ではわれわれに「聞こえる」周波数を太い実線で表している。横軸中央の周波数差ゼロでは,当然1つの音しか聞こえない。周波数差ゼロをすこし離れた位置で,グラフを縦軸に平行にたどると,2本の実線にぶつかる。ビート周波数と平均周波数である。このあたりでは,2音の平均の高さを持つ音と,うなりの2つの音が聞こえる。この領域を**うなり領域**という。

さらに周波数差を広げるとうなりは消え,平均周波数の音が単音として聞こえるが,ゴロゴロするような不快感を伴う。この周波数領域を**混成帯域**と言う。上記の箇条書きの(3)の領域である。うなり領域の両側にこの混成帯域を加えた領域を,**広い意味の混成帯域**と言う。

さらに周波数差を広げれば独立した2音が聞こえるが,ゴロゴロ感は残る。うなり領域とこのゴロゴロ感がある領域をあわせて**臨界帯域**と言う。箇条書きでは(2)〜(4)の領域である。さらに周波数差を広げれば,2音が干渉することなく,それぞれ独立して聞こえる。

図4-3に,広い意味の混成帯域と臨界帯域の幅が2音の

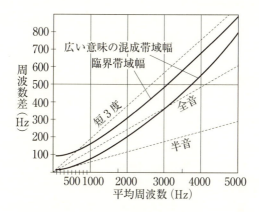

図4-3 広い意味の混成帯域幅と臨界帯域幅の2音の平均周波数への依存性[3]

破線は、半音・全音・短3度の周波数差の平均周波数への依存性を示す。

平均周波数に応じてどのように変化するかを示した。加えて、半音・全音・短3度の3つの音程が平均周波数によってどのように変化するか、も破線で示した。ここで、音程は2音の周波数の比であることを思い出していただきたい。音程という「比」が一定でも、2音の周波数差で定義される、広い意味の混成帯域と臨界帯域の幅は周波数に比例するので、グラフでは破線は右上がりの直線となる。

しかし、500Hz以下の低音域では、2つの帯域幅を表す曲線は寝てくる。すなわち、2つの帯域幅は一定値に近づく。周波数差が小さくなっても帯域幅が一定ということは、低音域では相対的に帯域幅が大きくなるということで

ある。これは，低音になればなるほど，われわれの音高の区別に対する感度が低くなることを意味する。

♪ 2つの音をどこまで認識できるか

　図4-3はいまでこそ受け入れられているが，1960年代に学会で発表されたときは，音楽家とくに演奏家から猛反撃を食らった。この図では，すべての領域で混成帯域幅は半音より大きい。すなわち，われわれは音程が半音ずれた重音を聴いても，2音に分離することはできないことを意味する。しかし，演奏家たちは自分は半音離れた2音を明確に認識していると主張した。

　このように感覚と違うのは，図4-3が長時間にわたり一定の振幅で続く2つの純音，すなわち単一周波数音を使った測定にもとづいていることに主な原因がある。実際の楽器のスペクトルは刻々と変化し，長時間一定に保つことはできない。実際の楽器演奏では，重音と言ってもたいていは片方が先に終わってしまう。また，2つの耳によるステレオ効果も2音の分離を助ける。さらに，混成帯域幅には個人差があり，訓練によって狭めることもできる。

　図4-1の横軸には，周波数差を臨界帯域幅で割った値を用いた。臨界帯域幅を使ったおかげで不協和曲線は1本で済んだのだが，あえてこれを使わないと，不協和度の図は**図4-4**となる（横軸は周波数比とした）。根音が低いほど，曲線がつくる山の幅が大きくなる。

　図4-4で最も低い根音周波数は100Hzだが，トロンボーン，ギターなどの最低音がこのあたりである。この領域で

第4章 | なぜドレミ…が好き？

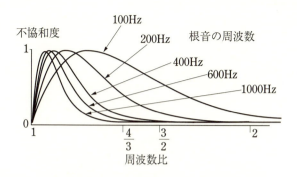

図4-4 | 根音の周波数による不協和度の周波数比依存性の違い [2]

低音ほど不協和領域が大きい。

はEとCあるいはFとC，すなわちミとドあるいはファとドでさえも協和するとは言いがたい。ただし，この図もあくまで2つの純音に対して言えることであって，楽曲ではこの領域の和音も使われる。

4.3 楽器が出す倍音

♪ 楽器の音のスペクトル

　ここまでの議論では，個々の音は純音，すなわち単一周波数を持つものとした。これを音楽に適用するには，楽音すなわち整数倍波を持つ音に拡張する必要がある。その前に，楽音について復習しよう。

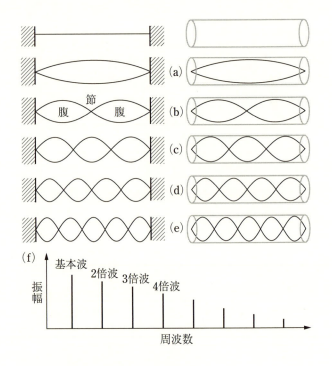

図4-5 | 弦楽器・管楽器からの整数倍波

(a)〜(e) は,両端を固定した弦の振動(左)と両端を閉じた管の中の空気の振動(右)。それぞれ (a) 基本波,(b) 2倍波,(c) 3倍波,(d) 4倍波,(e) 5倍波を示す。(f) は周波数スペクトル。

すでに図1-8 (a) に示したように,ピアノの音のスペクトルは,基本波,2倍波,3倍波,4倍波,…を持つ。これは,ピアノの音が弦の振動に伴うもので,図1-7の弦の振動パターンのように分解できるからである。両端を閉じ

た管の中の空気の振動も、**図4-5**(a)〜(e)に示すように、弦振動とまったく同様に整数倍波に分解できる。このような振動は、弦の場合は弓で擦ったり、指やピックで弾いたりすると生じ、管の場合は息を吹き込むことで生じる。

弦の振動は横波、管中の空気の振動は縦波である。弦の場合は、長さ方向と垂直な方向に弦の各部が変位し、その変位が長さ方向に伝わる。空気などの流体では、局所的に生じた密度の変化が圧力の変化として伝わる。ただし、本書の説明は、縦波と横波の違いをとくに意識しなくても理解できるように努めている。

弦あるいは管で空気の振動する部分を「腹」、振動しない部分を「節」という。弦楽器の場合は振動する弦長、管楽器の場合は振動する空気長で音の波長で、すなわち音の高さが決まる。ちなみに周波数は波長に反比例する。管・弦のどちらでも、両端の固定された部分は動けないので、図4-5 (a) に示すように、最大波長は弦あるいは管の長さの2倍である。図4-5 (a) の基本波が、この弦・管から出るいちばん低い音を運ぶ。

両端の他にも動かない点があってもよい。すなわち両端以外に節があってもよいので、図4-5(b)〜(e)に示すような波もできる。(b)は2倍波で、音としての高さは基本波の場合の1オクターブ上になる。

次に低い音は図4-5(c)で、弦あるいは管の$\frac{1}{3}$長を半波長として振動する。すでに示したように、基本波の音をドとすれば、3倍波はオクターブ上のソである。図 (a) 〜

(e)で振幅はすべて同じに描いたが、ふつうは基本波の振幅が最大で、倍数（これを次数という）が大きくなるほど整数倍波の振幅は小さくなる。

楽器の音が与えられれば、もっと一般的に言えば振動の時間波形が与えられれば、これに対応する周波数スペクトルに変換できるし、逆に周波数スペクトルを時間波形に変換することもできる。時間波形と周波数スペクトルは表裏一体の関係にある。なお理工系の方のために付け加えると、ここで紹介したのは、周波数スペクトルのうちでも振幅スペクトルとよばれるものであって、この他に位相スペクトルがある。厳密に言えば、振幅スペクトルと位相スペクトルのセットがもとの振動波形に対応する。

振幅スペクトルが同じでも、位相スペクトルが異なれば波形は異なる。かつては、われわれは位相スペクトルの違いが音色に与える影響を感知できない、とされていた。しかし近年の研究によれば、基本周波数が小さいときと、狭い周波数域に多数の成分が含まれ干渉し合うときは、位相スペクトルの影響を感知できることがあるとされる[9]。

4.4 楽音の不協和感から純正律へ

♪ 倍音を含んだ音の不協和度

図4-1は2つの純音（単一周波数音）を同時に鳴らしたときの不協和度であった。この結果から、実際の音楽とし

て聴いたときの不協和度，楽器で高さの異なる2つの音を同時に出したときの不協和度を求めよう。

図4-5(f)あるいは図1-8に示したように，一般に楽器の音は多数の整数倍音を含む。したがって，楽器で高さが異なる2つの音を鳴らしたときは，根音どうしの不協和度を求めるだけでは不十分である。楽器から出るすべての整数倍音（根音も整数倍音にふくむ）どうしの組み合わせについて不協和度を求め，それらを加えて真の不協和度としなければならない。

図4-6(a)～(d)の4つの図は，いずれも横軸は周波数すなわち音の高さである。管楽器あるいは弦楽器で，高さの異なる2音を同時に鳴らしたとしよう。2音のうち低音を出す楽器の周波数を大文字I，高音の周波数を小文字iと書く。奏者が(a)の周波数I，iを持つ2音を出したつもりでも，実際に楽器から出る2音は，それぞれが必ず整数倍音を伴う。そこで，基本波I，基本波iに伴うそれぞれの整数倍音を次数の順にII，III，IV，…，およびii，iii，iv，…とする。整数倍音は横軸上に等間隔で並ぶ。iはIより周波数が大きいから，i，ii，iii，…の相互の間隔はI，II，III，…の間隔よりも広い。

ところで図4-1は，ある周波数の純音と近い周波数を持つ純音が同時に聞こえたときの不協和度を，周波数差に応じて描いたものであった。図4-6(b)のI，II，III，…，i，ii，iii，…の各音はそれぞれ純音であり，それぞれに不協和曲線を計算できる。これをもとの周波数スペクトルと重ねて，図4-6(c)に示した。整数倍音の振幅は次数とと

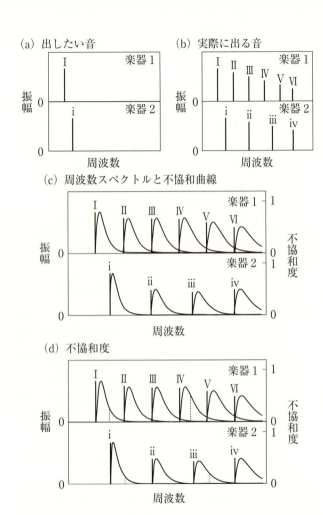

図4-6 2つの楽器(管楽器あるいは弦楽器)から異なる高さの音を出したときの不協和度

(a) 出したい音の基本波周波数。(b) 実際に楽器から出る整数倍音列。(c) 個々の倍音の不協和曲線。(d) 破線により、2つの整数倍音列間の相互作用がもたらす不協和度を示す。2音が同時に出たときの不協和度は、破線の高さの合計で与えられる。

第4章｜なぜドレミ…が好き？

もに小さくなるが、不協和曲線の高さ（振幅）もそれに応じて小さくなる。

基本波Iとiを同時に鳴らしたとき、iのためにIがもたらす不協和度は、図ではiの周波数におけるIの不協和曲線の高さである。これは図4-6(d)では、上の図でIの右にある破線の高さに相当する。実はこのとき、倍音Vと倍音iiiも鳴っている。Vのためにiiiがもたらす不協和度は、図ではVの位置におけるiiiの不協和曲線の高さであり、図4-6(d)では下の図、iiiの右にある破線の高さに相当する。このように、不協和度に相当する破線の高さを、低音側（I，II，III，…）から高音側（i，ii，iii，…）、高音側から低音側の2方向について、すべての組み合わせに対して求め、高さを合計しよう。

2つの楽音のうち低いほうの高さを固定する。Iを固定すれば、II，III，…の高さも固定される。この状態で、高いほうの楽音iの音高を少しずつ変化させて、整数倍音i，ii，iii，…と整数倍音I，II，III，…との間の不協和度を合計する。この結果を、このときの2つの整数倍音列の基本波周波数比に対する不協和度とする。そして、iを連続的に変えては、不協和度の総計を計算していく。2つの楽音の整数倍音間の不協和度の合計を、基本波周波数比の関数として示すのである。

ところで、整数倍音の振幅は楽器により異なる。同じ楽器、あるいは異なる2つの楽器から高さの異なる2音を出したときの不協和度は、これらの楽器のスペクトルにもとづいて計算すべきである。そこで以下の計算では、典型的

な例を仮定した。すなわち整数倍波は6倍波まで存在するとし、それらの振幅は次数が増えるごとに順次0.9をかけた値に減少するとした。すなわち、基本波の振幅を1とし、2倍波の振幅を0.9、3倍波の振幅を0.81、4倍波の振幅を0.729、…とした。

♪ 楽器の音の不協和曲線

図4-7がその計算結果である。横軸は対数目盛りで、1オクターブの範囲を示している。ここでは低音側の楽音の根音の周波数を261Hz（中央C音）とし、高音側の楽音の基本波の、低音側の楽音の基本波に対する周波数比を、1から2まで変化させた。ふつう楽器は音律にしたがって離

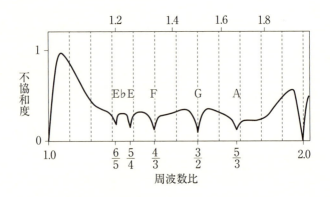

| 図4-7 | **楽音の不協和曲線**

2つの楽音の不協和度が、基本波に対する第2音の周波数比にどのように依存するかを示す。横軸は対数目盛り。破線は12音平均律の構成音の周波数比。

散的な高さの音しか出さないが、ここでは2の楽音の周波数は連続的な値を取れるものとした。グラフの値が小さいほど協和度がよい。言い換えれば響きがよい。

　周波数比が1なら同じ音、2なら1オクターブ離れた2音で、これらの場合は不協和度がゼロになる。この途中で曲線が谷になる横軸の値は $\frac{6}{5}$、$\frac{5}{4}$、$\frac{4}{3}$、$\frac{3}{2}$、$\frac{5}{3}$ で、2音の周波数比が簡単な整数比で表せるときは協和度がよいという結果が得られた。1をCとすれば、これらの谷の音はE♭、E、F、G、Aに対応する。音程で言えば、純正律の短3度、長3度、完全4度、完全5度、長6度である。

♪ 不協和曲線が音階を導く

　ここでわれわれが得た結論は、Cに対して協和する音は限られており、それらは純正律のC、E♭、E、F、G、A（ド、ミ♭、ミ、ファ、ソ、ラ）である、ということだ。そして、西洋音楽はもっぱらこれらの音を使うのである。CEFGAは長音階の基本となり、CE♭FGAは短音階の基本となる。E♭とEを1つの音階で同時に使うことはない。これが、この章のタイトル「なぜドレミ…が好き？」に対するとりあえずの答えである。レ（D）とシ（B）はこの考察からは現れないが、これについては後で述べる。

　2つの楽音による不協和曲線を最初に描いたのは、この本ではすでに純正律鍵盤で名前が出ているヘルムホルツである。彼には物理学あるいは電気工学の視点から音楽を論

じた名著[1]がある。

Cと最も協和するのはGだが，なぜそうなるかはすでに図3-3（76ページ）で考察した。Cの3，6，9，…倍音の周波数は，Gの2，4，6，…倍音とまったく一致する。次にCの3，6，9，…倍音以外の整数倍音の周波数に注目すると，これらはGの整数倍音の周波数から離れている。たとえば，Cの4倍音と5倍音のちょうど中間にGの3倍音がある。このように，Cの整数倍音の周波数とGの整数倍音の周波数とは，まったく一致するか，あるいは相互作用しにくいか，どちらかの位置関係にある。これがCとGが協和する理由である。CとEの協和についても，図3-6において考察済みである。

図4-7の出発点は図4-1，すなわち「同一周波数の2音は協和するが，やや周波数が離れると不協和になり，もっと離れると協和する」という心理テストの結果であった。「何が不協和か」という，いわば消極的な前提から，CとE，CとF，CとGが協和するという，音楽の常識が導かれるのは驚きではないだろうか。

すでに述べたように，ピタゴラスは素数2と3を用いて音律をつくり，純正律はこれに素数5を加えた。表3-2と対比するとわかるように，図4-7に含まれる周波数比はすべて純正律に含まれるのである。

♪ 「レ」と「シ」がない……

図4-7の不協和曲線は，「レ」（D）の位置と「シ」（B）の位置では谷にならない。ドレミ…のレとシは，ここまで

の議論からは導くことができない。ドとミ，ラとドの間が離れ過ぎていてはメロディがつくりにくい。ではこの中間にそれぞれ1音ずつ入れるとすれば，どうすればよいか。

先回りすることになるが，167ページ図6-1をご覧いただきたい。CDEF（ドレミファ）を平行移動すると，GABC（ソラシド）に重なる。Dの位置とAの位置，Eの位置とBの位置が対応するので，図のようにD（レ）とB（シ）を設けたと考えることができる。

♪ 平均律を純正律と比べれば……

図4-7の縦方向の破線で示したグリッドは，12音平均律の各構成音の主音に対する周波数比を示している。すでに表3-3に示したが，これら構成音の周波数比と不協和曲線の谷（すなわち純正律の構成音の周波数比）は一致しない。F，Gはまあまあとしても，平均律のE♭，E，Aでは，この不一致がうなりの原因となる。

♪ オクターブの等価性？

ところで，ピタゴラス音律をつくるときに，最初に根音の周波数に3ではなく$\frac{3}{2}$をかけて，根音からオクターブの範囲に入るようにした。**図4-8**を用いて，この操作の意味を考えたい。

この図は，横軸の根音に対する周波数比を4.0まで延ばしたときの不協和曲線である。横軸は線形目盛りで，1.0から2.0までが1オクターブ，2.0から4.0までが次の1オク

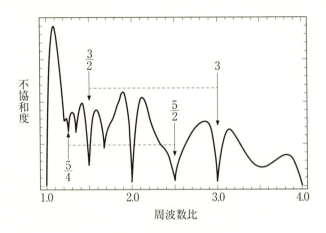

図4-8 根音から2オクターブの範囲の不協和曲線

ターブである。横軸1.0と2.0の間だけ見れば、線形目盛りであることを別にすれば、図4-7と同じである。図4-8で目につくのは矢印の目盛り3.0, すなわち3倍波がつくる急峻な谷である。これを1オクターブ下げると、目盛り1.5の谷に移動する。図4-8は、根音に対して周波数比3の音はとてもよく協和すること、さらにこの協和性は周波数比3の音を1オクターブ下げて周波数比を $\frac{3}{2}$ としても保たれることを示している。

図4-8には周波数比 $\frac{5}{2}$ (=2.5) にも谷がある。この谷の位置は、この図を右に延ばせば出てくるはずの5倍波の1

オクターブ下の音である。これをもう1オクターブ下げると3度 $\left(\frac{5}{4} : E\right)$ の谷になる。この図ではわからないが、周波数比5の位置には急峻な谷があるはずだ。「根音Cと協和する」という見方ではCから3度上のE（5度上のG）も、そのさらにオクターブ上のE（G）も同じであることを示唆しているのである。

♪ コードの転回

もう1つ、オクターブ等価性に関連する話題がある。ジャズ・ポピュラー音楽ではその場の成り行きで、コードを**転回**する。和音を構成する3音のうちの1音をオクターブ移動しても、和音の持つ機能は保たれるのである。

図4-9にはハ長調の主和音（CEGの3音からなる和音）の転回を示した。実はバロック音楽でも、当意即妙に和音を転回することは行われていた。和音の転回理論を確立したのは18世紀のフランスの作曲家ラモー（Jean-Philippe Rameau, 1683-1764）であった。

| 図**4-9** | 和音の転回

CEGのように3音からなる和音では、根音を最低音とする基本形（左）、3度音を最低音とする第1転回形（中央）、5度音を最低音とする第2転回形（右）がある。

第5章

コードとコード進行
──和音がつくる地形を歩く

5.1 3重音のポテンシャル

♪ 和音の表情

　異なる高さの音が2つ以上同時に鳴るときの響きを**和音**，英語で**コード**（chord）という。3つ以上の音を同時に鳴らせば，2つのときより豊かな響き，豊かな表情が得られる。ピアノかギターをお持ちの方は，ドミソすなわちCEGを同時に鳴らしたときと，このうちミすなわちEだけを半音下げてE♭とした，CE♭Gを同時に鳴らしたときを比べていただきたい。異なる音を重ねることにより，異なる表情が生まれることが感じられるはずだ。

　音楽の授業では「起立・礼・着席」の伴奏に，ドミソ（CEG），シレファソ（BDFG），ドミソ（CEG）の和音をつける。ドミソからシレファソへと変化すると，「頭を下げろ！」と促されている気分になる。しかし，シレファソを聞くと次にはまたドミソに戻る予感がし，また座れるという安心感さえもたらされる。このように，和音の順序・コード進行は音楽全体の気分を左右する。

　ただし，音数が増えれば不協和度も増す。4音，5音とさらに数を増やすと，響きは豊かになるが，複雑にもなる。ジャズでは4つ以上の音を重ねるのが普通で，クラシックよりも複雑志向・不協和志向である。

　和音（コード）の基礎となる音を根音という。根音が最低音となるのが和音の基本形であるが，131ページ図4-9に示したように，転回する場合がある。

第5章｜コードとコード進行

♪ 3重音の不協和度を計算すると

　3音以上を重ねたときの響きの協和・不協和も，3音のうちの2音同士の協和・不協和に分解して考えればよい。つまり，3音の不協和度は，これから2音を取り出したときの3つのペアについて不協和度を算出し，それらを合計したものとなる。単なる合計以外に，物理の言葉で言えば非線形な部分もあるはずだが，考慮しないことにする。

　2音の不協和曲線は，126ページ図4-7の2次元のグラフで示すことができた。3音の場合は，3次元のグラフが必要であり，不協和曲線ではなく「不協和曲面」で考えなければならない。パラメータは根音（最低音）と第2音および第3音との周波数比の2つだから，紙面の上で原点を定めよう。原点では3音の周波数は一致する。そこから横方向に第2音との周波数比，縦方向に第3音との周波数比を取れば，3音からなる和音は紙面のどこかの点になる。協和度（不協和度）はこの紙面からの高さで表されるが，これを図示できるのは鳥瞰図あるいは等高線図である。

　図5-1の2つの図は，どちらも3音の不協和度を表している。根音の位置は（a）の鳥瞰図では左すみ，（b）の等高線図では左下のかどである。3つの楽音を1，2，3とするとき，（a）では右下方向に行くほど1と2の周波数比が大きくなり，右上方向に行くほど1と3の周波数比が大きくなる。高さが不協和度である。（b）では横軸が1と2の周波数比，縦軸が1と3の周波数比，不協和度をグレイスケールで表す。

　図5-1は（a）（b）どちらも登山などで用いる地形図と

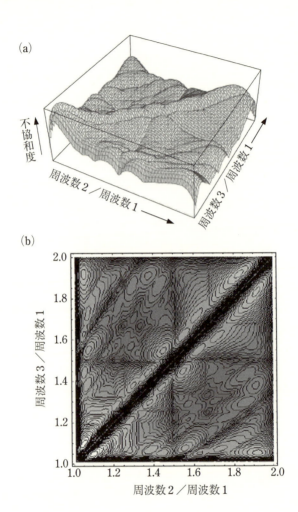

図5-1 3重音の不協和曲面

(a) 鳥瞰図と (b) 等高線図。第1音の周波数を固定し,第2音と第3音の第1音に対する周波数比を,平面を規定する2つの直交軸とした。第3の直交軸は不協和度を示す。

似ている。このような地形があったとして、ここにボールを投げ込めば窪地に落ち着くであろう。同じように3つの音にも、落ち着きのよい組み合わせがあると考えられる。同様な図は、物理や工学ではポテンシャルを表すために用いられる。物理では安定状態がポテンシャルの低い状態であって、窪地はポテンシャルの低い状態なのだ。ちなみに図4-7の2音の不協和曲線でも、この3次元の図5-1でも増加側を不協和、減少側を協和に取ったのは、協和イコール安定、すなわちポテンシャルの低い状態と見なすためである。

楽音2または楽音3のいずれかが楽音1と一致する場合は鳥瞰図 (a) の切り口 (「周波数2／周波数1」軸または「周波数3／周波数1」軸に沿った断面) と一致し、またその切り口は図4-7のようになる。図5-1 (a) でも (b) でも、左下から右上に走る谷は、楽音2と楽音3の周波数が一致する状態を表す。楽音2と楽音3を入れ替えても同じだから、図はこの谷に対して対称になる。

♪ 等高線図の窪地が心地よい

図5-1 (a) の鳥瞰図は直感的な理解を助けるが、細かい議論には向かない。そこでこの先はもっぱら (b) の等高線図に従って説明したい。

この図をじっくりと眺めていただくと、縦軸1.5のあたりに横線が、横軸1.5のあたりに縦線が浮かんでくるはずだ。もっと眺め続けると、より多くの縦線・横線が見えてくる。縦軸に平行な直線状の谷間では、楽音1と楽音2が

協和する周波数比を持ち,横軸に平行な直線状の谷間では,楽音1と楽音3が協和する。根音をCとすれば,目盛り$1.5 = \frac{3}{2}$の縦の谷は第2音がGであること,目盛り$1.5 = \frac{3}{2}$の横の谷は第3音がGであることを示している。他にも何本かの縦の谷と横の谷が存在する。

さらに目をこらすと,右上がりの直線状の谷間も見えてくる。中学数学で,傾きaを持つ直線を $y = ax$ で表したことを思い出していただきたい。この図では原点 $x = 0$, $y = 0$ が図からはみ出しているので見づらいが,楽音2と楽音3の周波数比が一定であれば平面図上では傾きaが一定の直線になる。

例えば「$\frac{周波数3}{周波数2} = \frac{3}{2}$」となる楽音2と3の組は,「横軸1.0,縦軸1.5」の点と「横軸1.33,縦軸2.0」の点を結ぶ直線で表され,ここは谷間になっている。これと対称な位置には「$\frac{周波数3}{周波数2} = \frac{2}{3}$」となる楽音2と3の組が,「横軸1.5,縦軸1.0」の点と「横軸2.0,縦軸1.33」の点を結ぶ直線に沿った谷間となって現れる。どちらの谷間でも2音は5度の関係にあるが,どちらが高音かによってどちらの谷間にいるかが決まる。

図5-2は図5-1(b)にいろいろと書き込んだものだ。図の左上半分に矢印で示した窪地は,3音の協和度が高いことを示している。実はこれらの協和度の高い組み合わせに

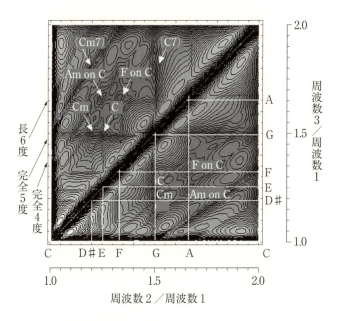

図5-2 | 不協和等高線図上のコード

楽音1と2, 1と3が協和する周波数比は縦横の直線群（直線状の谷）となり, 楽音2と3が協和する周波数比は放射状の直線群となって現れる。協和音は窪地となる。

は名前, すなわちポピュラー音楽で用いるコードネーム（後で詳しく説明する）がついている。矢印の根元に示した**C**や**Cm**などがコードネームである。

　図の右下半分には数本の白線を引いた。たとえば根音（楽音1）Cに対し楽音2がGであれば, CG対を含む和音は横軸Gから上に伸びる縦線上のどこかにある。根音（楽音1）Cに対し楽音3がEを取れば, CE対を含む和音は縦

軸Eから左に伸びる横線上にある。この2本の白線の交点はC，E，Gの3重音（ドミソという和音）に相当し、この点の高さを等高線図から読み取れば、それが和音ドミソの協和度である。この交点には**C**という名前（コードネーム）がついている。図5-1（b）と見比べれば、ここが窪地になっていることがわかる。

さらに、楽音2と楽音3が協和する周波数比は放射状の直線谷となるが、その直線の音程を図5-2縦軸左の枠外に示した。

♪ ドミソは共鳴する

詳しく計算すると、図5-1あるいは図5-2に現れる窪地で最も深いもの、すなわち最も協和する3音の組み合わせは、CEGであることがわかる。

ところで第2章では、ピタゴラスが発見したCとGの協和の理由は、Cの3倍波がGであるため、とした。さらに第3章では、5倍波からE音を導いたことで純正律が生まれたと述べた。これら、3重音の中でドミソすなわちCEGが最も協和することとは、何か関連があるのだろうか。

図5-3では、弦の振動で生じる整数倍音のスペクトルを、鍵盤の位置と対応させた。12倍音までを示したが、この程度の高次の倍音は、たいていの楽器で生じている。根音から12倍音までの音程は3オクターブを超える。表記の都合上、4倍音を中央のCとすれば、12個の倍音は楽譜では図左端のように並ぶ。ふつう鍵盤楽器は平均律に調律さ

第5章 コードとコード進行

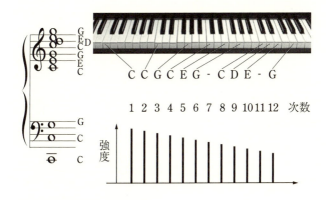

図5-3 | 整数倍音を楽譜に書けば……

スペクトルの次数1, 2, 3…が鍵盤のC, C, G…に対応する。

れているが、この場に限り、楽譜も鍵盤も純正律に従うと仮定する。

図5-3には整数倍音の音名も示した。これを見ると、6倍音までは、C, E, Gしか現れない。Cという音を出したつもりでも、実は倍音として何オクターブか上のE, Gの音も同時に出しているのである。また、E, G以外の音はほとんど出していないとも言える。他のどの音を弾いた場合でも、根音とともに長3度と完全5度が鳴り響くのである。

同じ音叉を2つ並べて、1つを鳴らすともう1つもひとりでに鳴り出す現象がある。この現象を**共鳴**あるいは**共振**という。弦楽器でも同じ現象が起こる。弦Cを鳴らしたとき、そばに別な楽器の弦Cがあれば共鳴する。別な楽器で

も同じ楽器でも,そばに弦G(あるいは弦E)があれば,弦G(あるいは弦E)もわずかながら共鳴する。

これは,弦Cのスペクトルのなかに弦G(あるいは弦E)のスペクトルと共通な成分が含まれているためである。弦Cと同時に弦G(弦E)を鳴らすと,互いに共鳴し合い,別々に鳴らしたときより大きな音がする。

吹奏楽やジャズのビッグバンドなどの演奏で,思いがけない大音量が炸裂することがある。これは共鳴のなせるわざである。楽器を平均律に調律すると共鳴しないはずだが,各奏者が無意識のうちに共鳴を求めて音程を微妙に調整しているらしい。

なお,図5-3を見ると,鍵盤には7倍音に相当する音が存在しないことがわかる。5倍音までだけを計算に入れた,5リミットの純正律に従っているからだ。平均律もしょせんは5リミット純正律の近似であるから,7倍音を含まない。同様に11倍音,さらに図には現れていないが13倍音,17倍音およびこれ以上の素数に対応する倍音に相当する音も存在しない。7倍音まで計算に入れた7リミットの純正律については8.3節で述べる。

5.2 長3和音と短3和音

♪ 五線譜の「だんご3兄弟」

図5-1あるいは図5-2に現れる窪地で最も深いもの,すな

図5-4 長音階の上につくった3和音

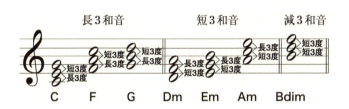

図5-5 3和音のグループ分け

わち最も協和する3音の組み合わせは、CEGであった。次に深い窪地をつくるのは、図5-2で**Cm**と記入したCE♭G（あるいはCD♯G）の組み合わせである。CEGは長3度（CとE）の上に短3度（EとG）を重ねたものであり、CE♭Gは短3度（CとE♭）の上に長3度（E♭とG）を重ねたものである。CEGもCE♭Gも五線譜上では「だんご3兄弟」のように等間隔に並ぶ。このように3度間隔の3音は協和するようだ。

　ここでひとまず図5-1と図5-2を離れ、Cを主音とする長音階の各構成音の上に3度間隔でもう2音を重ねてみよう。結果は**図5-4**である。この7つの3和音は**図5-5**のように、3つのグループに分けることができる。

♪ 第1グループ —— 長3和音

第1のグループは**長3和音**と呼ばれ，CEGのように，根音と第2音の音程が長3度，第2音と第3音の音程が短3度である。純正律では，根音の周波数に対する第2音，第3音の周波数比が $\frac{5}{4}$, $\frac{3}{2}$ となる。最低音がFであってもGであっても，周波数比はCEGの場合と変わらない。平均律でも，整数比とはならないものの，やはりどれも同じ周波数比になる。この周波数比を持つ3音が長3和音すなわちメジャーコードをつくる。ジャズ・ポピュラー系の楽譜でこのコードネームを表記するときは，図5-5の**C**，**F**，**G**のように最低音だけを示す。本書では，コードネームは太字で表記し，音名と区別する。

この3つの和音にはそれぞれ名前があり，まとめて**主要3和音**という。調の主音を根音とする和音を**主和音**，主音から完全5度上を根音とする和音を**属和音**，完全5度下を根音とする和音を**下属和音**という。あるいはそれぞれトニック，ドミナント，サブドミナントという。図5-5のハ長調では，**C**（CEG），**G**（GBD），**F**（FAC）がそれぞれ主和音，属和音，下属和音である。

♪ 第2グループ —— 短3和音

第2のグループに属する短3和音ではACEのように，最低音と第2音の音程が短3度，第2音と第3音の音程が長3度である。純正律ではいつも，最低音に対する第2

音，第3音の周波数比は$\frac{6}{5}$，$\frac{3}{2}$である……と言いたいところだが，そうあっさりとはいかない。

純正律長音階では，このような単純な比になるのはAとEを最低音にしたときだけである。3.4節で述べたように，DA間にはウルフがある。このため，DFAの周波数比は1対$\frac{32}{27}$対$\frac{40}{27}$となる。そこで純正律では，短音階が別に設けられたのであった。短音階ではDのCに対する周波数比を$\frac{10}{9}$に変更し（長音階では$\frac{9}{8}$），この比を1対$\frac{6}{5}$対$\frac{3}{2}$としたのである。このように長音階と短音階で周波数比が変わるのも，純正律の困ったところである。もちろん平均律では，最低音がAでもDでもEでも同じ周波数比となる。

この「短3度プラス長3度」という構成を持つ3音は短3和音すなわちマイナーコードをつくる。コードネームを表記するときは，図5-5の**Dm**，**Em**，**Am**のように最低音に添え字mをつけ，Dマイナー，Eマイナー，Aマイナーと呼ぶ。

♪ 第3グループ ——減3和音

最後のグループに属する和音は1つだけで，減3和音と呼ばれ，協和度が低い。図5-5では**Bdim**というコードネームがつけられ，ディミニッシュ（diminish，dimと略す）という。**図5-6**に示すように，アニメ『ゲゲゲの鬼太郎』の同名のテーマ曲（水木しげる作詞・いずみたく作

図5-6 『ゲゲゲの鬼太郎』のテーマ曲の一部

矢印で示した3音がCdimをつくっている。水木しげる作詞・いずみたく作曲。

曲)の「ゲゲゲのゲ」のくだりにこの減3和音が使われておかしな味を出している。短3度離れた音を2つ重ねた和音だが、ジャズではもう1つ短3度離れた音を加えて、4音からなる和音で使うことが多い。

♪ 長調と短調

　第1グループの3つの長3和音C，F，Gがハ長調の主要3和音であった。ハ長調の構成音をイ音すなわちAから始めてABCDEFGAとすればイ短調となる。この場合は第2グループの3つの短3和音Dm，Em，Amをイ短調の主要3和音という。これらを長音階・短音階とともに**図**

図5-7 (a)長音階・(b)短音階とその上の主要3和音

5-7に示す。

すでに述べたように、歴史的には音階を構成する7音を使った7つ（あるいはそれ以上）のモードが存在した。現在主として西洋音楽で用いられるのはイオニアンとエオリアンであって、それぞれ長音階と（自然）短音階の別名である。なぜこの2つが残ったのか？　それは図5-7のように音階の重要な音の上につくった3和音（3つの音を重ねた響き）が調和するからである。すなわち

(1) 7音からなる音階で重要な音を3つ拾い出すとすれば1、4、5音の3つであり、
(2) イオニアン（a）ではこれら3つの音の上に、3度おきにもう2つの音を重ねると、どれも長3和音になり、
(3) エオリアン（b）ではこれら3つの音の上に、3度おきにもう2つの音を重ねると、どれも短3和音になる

からである。

最初の1、4、5音の3つが重要なのは、ピタゴラスの5度円で最初に選んだ音を第1音とすれば、第1音の右が音階では第5音、左が音階の第4音に当たるからである。そして、これら3つの音の上につくった3和音が、イオニアンでは長3和音、エオリアンでは短3和音と、美しく対比するというわけだ。

♪ 等高線図の上のだんご3兄弟

　ふたたび図5-2に帰ろう。この図はCを根音として描いたものであったが，長3和音と短3和音（**C**と**Cm**）は，この不協和曲面上で窪地になる。言い換えれば，よく協和することになる。同じ図を異なる根音で描き直しても，もちろん長3和音と短3和音の位置は窪地になる。

　次に，図5-2において**F on C**，**Am on C**と記した2つの窪地は，長3和音FACと短3和音ACEをCすなわちドを最低音としてCFA，CEAと転回したものである。このように和音を転回すると，窪みが浅くなる。転回すると協和度は保存されるとはいえ，多少は減少する。

　図5-5における減3和音はBDFである。Cを根音とし，減3和音**Cdim**をつくって，その位置を図5-2でチェックしていただきたい。頂上でも窪地でもない，斜面の途中に位置するはずである。

　コードは本来，和音一般を意味するが，日本ではもっぱらポピュラー音楽で使うのがコードとされている。ジャズではメロディの上にコードを書き入れた151ページ図5-9のような楽譜，通称コード譜を用いる。多くのポピュラー音楽や日本の歌謡曲の楽譜集もこのような形態である。いっぽうクラシック音楽では，ふつうコード譜を用いない。

　現在は中学校の音楽の授業でコードを教わるが，実際はギターをいじって初めてコードの意味を身をもって知る人が多い。ギターでは曲に沿って左手の押さえ方を示した「タブ譜」に従えばすぐにコードが弾けるし，コードをぽろぽろと弾きながらメロディを歌えば，さまになる。ここ

から音楽にハマった人も多いのではないだろうか。

♪ コードネーム

　コードの表記法をここで簡単にまとめておく。コードは根音の音名を表す英大文字CDE…Bに，必要に応じて補助的な文字を付け加えて表す。ここでは具体的に根音をCとし，この上につくるコードを示す。

　ジャズではコードとして4つ以上の音を重ねるのが常識である。4音からなるコードも，基本的に長3和音属，短3和音属，ディミニッシュのどれかに分類できる。根音をCとすれば，長3和音属は長3和音CEGを含み，短3和音属は短3和音CE♭Gを含む。ディミニッシュは減3和音CE♭G♭を含み，**Cdim**あるいは**Cø**と書く。

　Cあるいは**Cm**の後に第4音の音程を加えてコードネームとする。何も書かなければ3音の和音である。6を書き加えれば長6度Aの音が加わり，7を書き加えれば短7度の音B♭が加わり，△7あるいはMaj7あるいはM7を書き加えれば長7度の音Bが加わる。

　C，**Cm**は完全5度の音程を含むが，♭5が書き加えられたときは完全5度を減5度とする。つまりGをG♭に替える。また+5あるいはaugが書き加えられたときは完全5度を増5度とし，GをG♯に替える。ちなみにaugはaugment，すなわち「増」を意味する。

　ディミニッシュの構成音は短3度，減5度である。**Cdim**の構成音はCE♭G♭となるが，さらに長6度の音Aを加えて使うことが多い。

図5-8 Cを根音に持つコードと構成音

　Cを根音とする主要なコードと構成音を**図5-8**に示した。このようなセットがC，D♭，D，E♭，E，…の12音を主音とする12の調性に対して12セット存在する。ジャズ奏者はこれを全部覚えている。表記にはいろいろな流派があるが，流派が異なってもなんとか用が足りている。

　演奏では，ここに述べたコードの構成音に含まれない音も積極的に用いられ，そのような音はテンション（tension）とよばれる。テンションは緊張とか不安とかを意味し，テンションを持ち込んだ結果，不協和音が生じる。ジャズではとくにテンションが多用される。ジャズとは不安な響きを楽しむ音楽なのかもしれない。

5.3 コード進行の原理

♪ ベースの音を追え

　一人で演奏するときは別として，グループによる即興演奏では何らかの共通の基盤が必要だ。ジャズの場合，これ

第5章 | コードとコード進行

| 図5-9 | 『Fly me to the moon』の冒頭のコード進行

を与えるのがコード進行でありコード譜である。プレイヤーは図5-9のような簡単な楽譜を見て延々と演奏する。コード進行でおおまかに音楽の流れが決まる。しかし細部まで指定されるわけではないから、プレイヤーの個性が発揮できる。

有名ジャズメンには、五線譜が読めなかったと言われる人がいる。『ミスティ』を作曲したピアニストのエロル・ガーナー（Erroll Garner, 1923?-1977）、オクターブ奏法のギタリストのウェス・モンゴメリー（Wes Montgomery, 1923-1968）、『ザ・キャット』がヒットしたオルガニストのジミー・スミス（Jimmy Smith, 1925-2005）などである。しかし彼らがコードを理解していなかったとは思えない。

コンボとよばれる小規模のジャズバンドには、たいていピアノ、ベース、ドラムスからなるリズムセクションがある。この3楽器だけで構成されるピアノトリオが、バンドの最小形態である。これにフロントと言われる楽器、多くの場合管楽器が加わり、カルテット（4重奏団）、クインテット（5重奏団）などとなる。

ベーシストは普通コードの根音をたどるので、ベースの

音を追えば,アドリブ(即興演奏)の途中で,いまどこを演奏しているかがわかる。ピアニストはフロントが不在のとき,あるいは演奏を休んでいるときは,五線譜のメロディあるいはアドリブを右手で弾き,左手はコードを弾く。すなわち,コードネームを図5-4の要領で実音に変換して,そのコードの構成音を重ねて弾いたり,ぱらぱらと適当な順番で分散させて(アルペジオで)弾いたりする。フロントが演奏するときはピアニストの左手とベーシストはコードを弾き,フロントのプレイヤーはアドリブを行う。

♪ コードは5度円に沿って

ここで第2章で顔を出した5度円とコード進行との関係を強調したい。

ふつうのジャズ演奏のパターンでは,まずメロディ(テーマ)がコードとともに提示され,次に各演奏者がコードにもとづいてアドリブを展開する。図5-9は,ジャズのスタンダードナンバーとされる,『Fly me to the moon』(バート・ハワード作曲)の冒頭の4小節をコードネームとともに示したものである。

楽譜の上に書いてあるコードネームに「Aなにがし」,例えば**AMaj7**,**Am**,**A7**,**Adim**などと書いてあれば,そのコードの根音,すなわち最も重要な音はAである。図5-9の英大文字に添えてある,m,7,Maj7を無視してみよう。するとコードは**A**,**D**,**G**,**C**と進んでいく。5度円はすでに図2-8で紹介したが,160ページに出てくる図5-12の内側の円も5度円そのものである。コード進行を図

と対比させてみると，5度円上を3時，2時，1時，0時と反時計回りに回っていることがわかる。

きわめておおざっぱな言い方だが，西洋音楽ではコードの根音の時間的な進み方が，その楽曲のメロディと一体化している。そしてこの根音の進み方のうち，最も基本的な進み方は5度円で円周沿いに1コマずつ5度下る方向に逆行することである。この5度円の循環がある程度続くコード進行のことを循環コードという。ただし**E・A・D・G・C・F**・…と，12のコード全部を1回りすることはなく，図5-9のように4つくらいのコードを循環することが多い。

ジャズでは，ツー・ファイブ（two five）という進行も好まれる。ハ長調でいつも**G**（ないし**G7**）から**C**という進行では単調だ。そこで**G**（あるいは**G7**）を時間的に2分割し，前半を**Dm**に変えるとこのコード進行となる。**Dm**とするのは，これがGから5度上のDを最低音とし，しかもハ長調の音階で実現できるコードだからである。Cに対してDは2度，Gは5度なのでツー・ファイブと呼ばれる。5度円に沿って**D**から**G**へと，5度下がったとみなすこともできる。この後トニックCで終われば，**DGC**と5度円を3コマ回ったことになる。付録に示すように，C，D，E，…をⅠ，Ⅱ，Ⅲ，…に対応させれば，Ⅱ-Ⅴ-Ⅰ（two-five-one）とめぐったことになる。

ツー・ファイブを始めたのは，モダンジャズの開祖チャーリー・パーカー（Charlie Parker, 1920-1955）であると信じている人もいるが，実はこれはギリシャ時代以来の西洋音楽の伝統である。

このような曲の中のコードの推移が，コード進行である。和音とよく似た和声という語はハーモニー（harmony）の訳で，ウィキペディアによれば「和音の進行，声部の導き方（声部連結）および配置の組み合わせを指す概念」である。ハーモニーの指導原理の下にメロディが従属するのが西洋音楽の主流であって，コード進行はジャズに限らず西洋音楽では最も普遍的な性質だ。クラシック音楽では，コード進行は曲の底に沈んでしまって表面からは見えないが，ジャズでは即興演奏の手段として，コード進行という形の「記号化」が必要なのである。

　5度円上で連続する3音，たとえばF，C，Gでは，C・F間は完全4度，C・G間は完全5度だが，1オクターブ下げたFからCを見上げればその音程は完全5度である。5度円でCを挟んで対称に位置するFとGは，裏表の関係にあると言える。この主音と完全4度・完全5度の音程を持つ2つの音は，民族音楽でも欠かせない存在である。

　5度円上で連続する3音をそれぞれ根音とし，中心音を根音とするコードから左右のコードに振るのは，最も単純なコード進行である。5度円の3音だけを行きつ戻りつするのである。Cの場合は隣りはFとGであって，3つのコードとは，**C・F・G**がトニック・サブドミナント・ドミナントの主要3和音である。ポピュラー音楽のギターの教則本などには，最初にこの主要3和音が出てくる。調性が一貫した単純な曲の伴奏は，この主要3和音を適当に鳴らしていればなんとかなる。

♪ 4重音の効用

ハ長調のドミナント**G**はたいてい**G7**，GBDFの形で現れる。これは中学校の音楽の授業に登場する，ただ1つの4音のコードである。長3和音の上に短3度を重ねた4音から成るコードをセブンスといい，**G7**もその1つである。ハ長調で臨時記号♯・♭を使わないでできるセブンスは**G7**だけである。

図5-10に2つの「起立・礼・着席」の楽譜を示した。2つの違いは2小節目の**G**と**G7**にある。ピアノで弾けば(b)のほうが「かっこいい」と感じられるはずである。

コードと調は対応すると考えることができる。例えばコード**G**にはト長調が対応している。この音階はGABCDEF♯Gであって，Fは含まない。Gの5度下のCから始まる音階は，ハ長調CDEFGABCであって，Fを含む。**G7**というコードはGを根音とするくせにFを含んでいるので，「次の行き先はハ長調のトニックであるコード**C**に違いない」と予感させる働きがある。(b)の「起立・礼・着席」のコード進行は**C**－**G7**－**C**で，**G7**を聴くと，思ったとお

| **図5-10** | 2つの「起立・礼・着席」

り次にはまた**C**に戻る予感がし安心する。

　クラシックの楽曲の終わりには「カデンツ」と称するまとまった段落があり，ハ長調の例では**G7**から**C**へ，一般的に言えば「ドミナント・セブンスからトニックへ」というコード進行が用いられる。とくに最後のトニックは強拍上にあって，長く伸ばされたりして，安定した終止感をもたらす。この手法はクラシックからジャズへと輸入されたが，最近はドミナントからトニックという終わり方は「いかにも」という感じなので，カデンツでは避ける傾向がある。

　3重音の不協和曲面図（図5-2）において，（**C7**）と（**Cm7**）と記した2つの窪地の構成音はそれぞれCGB♭，CE♭B♭である。これらの構成音はジャズで言うセブンス・コード**C7**，**Cm7**（構成はそれぞれCEGB♭，CE♭GB♭）から1音を抜いたものである。B♭という音が，図4-7の2音の不協和曲線では極小値を与えなかったにもかかわらず，3音の不協和曲面では窪地をつくるのが興味深い。

　2重音の協和度は，図4-7の2次元のグラフで示し，3重音の協和度は図5-1の鳥瞰図あるいは等高線図で示した。4重音以上の協和度を計算するのは可能だが，これを図示するには超立体が必要である。この本では立ち入らないことにする。

♪ コード譜の先祖は通奏低音？

　ジャズやポピュラーではバックでベースが休みなく響い

ているが、バロック音楽でも同様に、低音楽器がバックで休みなく響いている。このパートを通奏低音という。『…と通奏低音のためのソナタ』などの曲名はFMなどでよく耳にする。通奏低音はチェロ、コントラバス、ファゴットなどの低音楽器と、リュート、チェンバロ、クラビコード、オルガンなどの和音を出せる楽器が受け持つ。楽譜では低音だけが示され、前者の低音楽器はたいてい楽譜通り単音で演奏するが、後者の和音楽器では楽譜を見ながら即興的に和音をつけて演奏する。この即興演奏のために、楽譜の音符の上か下に和音を示す数字がついている。

図5-11はこの数字つき低音の例である。何も数字がなければ3度と5度を加えて演奏する。また6という数字があれば、5度の代わりに6度を加える。これに類する約束が他にもたくさんある。この楽譜に従って演奏することをリアライズという。奏者はリアライズに際して和音を転回したり、楽譜に記されていない装飾音を加えるなどということも即興的に行う。数字が調号に依存しないことがコードネームとの違いであろう。

ジャズはもちろんバロック音楽でも即興演奏が許されるが、その場合、コード表記や数字つき和音のように、音の使い方を厳密に指定しない書き方のほうが適している。「コード譜の先祖は通奏低音？」という本項の小見出しが示すように、コード表記は数字つき和音とほぼ同じ内容を違う表記で伝えようとしている。

しかしコード表記は、ジャズ・ポピュラーの分野で、というより正規の音楽教育を受けたことのない人たち、もち

図5-11 通奏低音（低音部）とそのリアライズの例（高音部）
https://ja.wikipedia.org/wiki/通奏低音

ろんバロック音楽とは縁のない人たちの間から自然発生的に起こったのである。歴史は繰り返す。

5.4 転調の行き先

　コード進行はすでに示した転調と密接な関係がある。転調では調そのものが変わる。主音をCからFに変えたら，ハ長調からヘ長調に転調したことになる。転調は長い時間単位で起こる。例えばクラシックでは楽章が変わるときに，ポピュラー音楽ではサビといわれる部分だけ転調したりする。一方，コード進行は図5-9に示したように，調の枠内で，小節単位あるいはもっと細かく音単位で起きる。

　転調に対し移調は曲全体の音の高さを変えるために行う。転調は主に曲に変化をつけるためという音楽的な理由

で行うが，移調は必ずしもそうではない。作曲家が本来想定したものとは違う楽器で演奏するとき，たとえばバイオリンの曲をチェロで演奏するときとか，男声用の曲を女性が歌うときなどには移調が必要になる。

話を戻そう。**図5-12**は今現在の調から，次にどの調に進めるかを示す案内図である。図5-12には図2-8に示した5度円が二重に描いてある。ただしここでは5度円は音あるいはコードではなく，調性を表すものと解釈していただく。内側の円はすでに示したものと同じで，長調に対応し，外側の円は短調に対応する。ハニホヘ…をCDEF…で表記しているので，Cはハ長調，Cmはハ短調を表す。単なるコードネームの流用だが，これはコードと調，コード進行と転調がいかに密接に関係しているかを示すものである。

転調先は次の4つである。

(1) 完全5度上，図では5度円の時計回り方向の隣り，属調。
(2) 完全5度下，図では5度円の反時計回り方向の隣り，下属調。
(3) 長調のときは短3度下を主音とする短調，短調のときは短3度上を主音とする長調，平行調。図では2つの円をつなぐ実線。
(4) 長3和音のときは同じ音を主音とする短調，短調のときは同じ音から始まる長調。同主調（同名調）。図では2つの円をつなぐ点線。

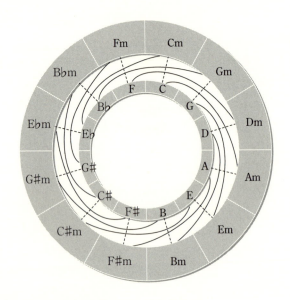

| 図5-12 | 5度円上の転調

C, G, D, …, Cm, Gm, Dmなどは調性を表す。

転調をコード進行に焼き直して解釈してみよう。ここで箇条書きの(1)と(2)は5度円に沿った移動である。実際は項目(1)よりも(2)の方が一般的である。

これに対し，箇条書きの(3), (4)の2つでは，コードが長3和音属と短3和音属の間を行き来する。(3)の例は，C と **Am** である。Cはハ長調の主音であって，ハ長調とまったく同じ音列を使うのは，Aから始まるイ短調である。した

がってCから行きやすいのはAmであり，Amから行きやすいのはCである。

　(4)の例はCとCm，この場合対応する音階はハ長調とハ短調であり，どちらもCから始まる。Cから行きやすいのはCmであり，逆にCmから行きやすいのはCである。

第**6**章

テトラコルド
——自由で適当な民族音楽

6.1 西洋音楽と,西洋音楽以外の民族音楽

　西洋音楽では,使える音は決まっている。音律はあちこち修正されたとは言え,基本的にはピタゴラス音律から大きく離れていない。そして西洋音楽では,音律の音程は厳密に決まっているという暗黙の前提がある。

　しかし,音楽はもともと自然発生的なものだから,もっとおおらかなものであるはずだ。そこで本章では,あまり厳密に固定されていない音程を使う音階を取り上げる。具体的に言えば民族音楽で用いられる音階であって,臨機応変で,地域性があり,はなはだしい場合は隣の村では違う音階を使うことさえある。

　この章の内容はよそから（主として西洋圏から）来た音楽学者の解析であって,音楽を演奏・演唱している当事者はあずかり知らぬこともある。しかし付け加えれば,西洋音楽も「1つの民族音楽」ではある。

　西洋音楽とその他の民族音楽は似ていると言えば似ているし,違うと言えば違う。インドやアラブのように音階を構成する音数が多い地域を別にすれば,たいていの民族音楽の音階は平均律で実現できる。しかしこれはその民族音階に固有の音高に近い音で近似しているに過ぎない。たとえばピアノ伴奏の日本民謡を聴くと,オペラを聴くような違和感がある。ピアノの音律からつくることのできる音階で日本古来の音階を忠実に再現するのに無理があるからである。

明治維新直後の学校教育は，西洋音楽は優れており，その他の民族音楽は劣っているとし，日本独特の音楽も否定してしまった。このときに切り捨て失ったものは多く，また大きい。

　現在の音楽のカリキュラムは，決して西洋音楽一辺倒ではない。中学校では雅楽，箏曲，歌舞伎音楽，さらに世界の民族音楽も紹介されている。けっこうなことである。

　ジャズのルーツはアフリカの民族音楽にある。そこで，ジャズをかつてのアフリカの民族音楽が西洋音楽の中で変容しながらも生き延びている姿と見ることもできる。また最近のジャズの動きには，いちど西欧化で切り捨てたものを，西洋音楽の枠の中でまた復活させようとする試みを見ることもできる。

6.2　音階のユニット箱 ── テトラコルド

♪ 4本の弦

　多くの民族音楽がテトラコルドで説明できる。テトラは4，コルドは電線のコードと同じ語源を持ち，弦を意味する。テトラコルドとは「4本の弦」である。ちなみにコード進行のコードも弦から派生した。もともとテトラコルドは4弦楽器の調弦法を意味していたが，現在は音階構成の概念を得るために使われている。西洋音楽では音律と音階の概念がはっきりと分離できるが，テトラコルド理論には

音律の概念が希薄である。

テトラコルドは音階の小単位で、これらを組み合わせるとオクターブの音階ができる。日本音楽を含むいくつかの民族音楽の音階はこの構成を持っている。西洋音楽の長音階も、実はこの構成で解釈することができる。

♪ テトラコルドを2つ重ねるとオクターブ

しばらく西洋音楽を例にとろう。さきに、Cに対してE♭、E、F、G、Aの5音が協和することを示した。しかし、長音階はCDEFGABである。126ページ図4-7を見ると、CとE♭の間と、AとCの間には谷がない。長音階にD（レ）とB（シ）があるのは、CとE、AとCの間が開きすぎているとメロディがつくりにくいからである。

それでは、CとE、AとCの間に1つずつ音を入れるとして、どんな高さに入れればいいのだろうか。「ドレミファ・ソラシド」と歌う代わりに、同じメロディで「ドレミファ・ドレミファ」と歌ってみても、違和感を感じないはずだ。**図6-1**のように、長音階はハ長調のドレミファ（CDEF）とト長調のドレミファ（GABC）をオクターブに押し込んだかたちになっているからだ。このように、音域の狭い音列を2つ積み重ねて音階をつくることが、ギリシャ時代から行われていた。この2段重ねた音列の各々がテトラコルドである。

図6-1下のように、平均律のGABCをCDEFの下に並べて置いてみよう。図4-7に出てきた音を並べて長音階をつくろうとしても、ドミ（CE）間とラド（AC）間に音がな

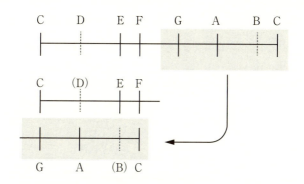

図6-1 GABCを平行移動するとCDEFに重なる

Aの位置とDの位置，EとBの位置が対応する。

い。そこでCE間では下のAに対応する位置，AC間では上のEに対応する位置に音を置き，それぞれDとBとする。すると，ドレミ…という長音階ができあがる。

♪ 音階を棚にたとえると……

この章では，箱と棚で音階をイメージする。準備段階として，まず**図6-2**（a）のような，大きな棚をイメージしていただきたい。棚と棚の間隔がオクターブに相当する。

ここに，ユニット家具のような箱を持ってくる。西洋音楽で使うのは，図6-2（b）のような箱である。この箱の中はやはり小棚に区切られている。長音階という箱では小棚は下からCDEFGABに対応し，棚の間隔には全音と半音に対応する2種類がある。天板の上がオクターブ上のC

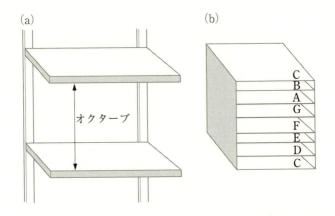

図6-2 音階を箱と棚にたとえる

(C)である。このユニット箱を棚に置くのだが、棚板も箱の中の区切り板も、厚みがないと仮定する。すると箱はきっちり棚板と棚板の間に収まる。

　音階とは小棚のようなもので、メロディとは、何か（例えばボール）を小棚から小棚へと、次々に移し替えることと考える。箱の種類によって小棚の位置が異なる。西洋音楽という制限の中で箱を替えることは、調や旋法を変えることに相当する。箱を替えると、できるメロディのおもむきが変わる。

♪ より小さいユニットへ

　図6-2（a）の1オクターブ間隔に設けられた2つの棚板の間に、もう1段棚板を増やし、そこに背の低いユニット

箱を入れてみよう。すなわち、1オクターブの間に2つの音階を入れるということだ。音楽として複雑になると思われるかもしれない。しかし箱の高さは音の高さ、すなわち音跳びの高さに対応している。音跳びが小さいほうが音がとりやすい。歴史にそって考えるなら、まずやさしい音楽が生まれたはずである。これを棚・箱モデルに当てはめるとすれば、まず小さい箱が1つ現れたと考えるのが自然である。わらべうたでは、「大寒小寒、山から小僧が飛んで来た」は完全4度の音域、「かごめかごめ、かごの中の鳥は」は完全5度の音域しかない。

図6-3ではユニット箱を直方体で表した。図6-3（a）左は、図6-2の棚に同じ図の箱を入れた状態の正面図である。棚の間にもう1枚棚板を挿入すると、図6-3（a）右のようになる。図（b）は大きい箱を1つ入れた状態の正面図である。ここに図（c）のような棚の間に棚板を増設した状態で、下の棚と増設した棚に小さな箱を1個ずつ置く。

この箱の寸法と棚の間隔を対数目盛りで、図6-3のように半音を単位として測ろう。下の棚板からいちばん上の棚までの高さは1オクターブ、12半音である。中間の棚板の高さを7半音とし、ユニット箱の高さを5半音とする。下のユニット箱を中間棚に載せても、ぴったりと収まる。

下の棚板の高さをC（ド）とすれば、増設した棚板はG（ソ）の位置となり、音程で言えば完全5度上である。下の棚および中間棚に載せる小さい箱の高さは基準周波数の

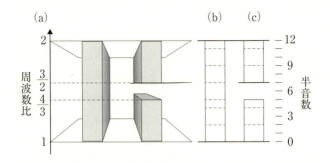

図6-3 オクターブを2分割する棚を設け、テトラコルドを示す小ユニット箱2つを載せる

縦軸は対数目盛り。(b)(c)に破線で示した棚は長音階を構成する音に相当する。

$\frac{4}{3}$倍であって、C（ド）を下の棚の位置とすれば、小ユニット箱の天板はF（ファ）となる。言い換えれば、小ユニット箱の高さは完全4度、下の棚板と中間棚との間隔は完全5度の音程に相当する。このユニット箱がわれわれのテトラコルド・モデルの枠組みである。

テトラコルドのテトラは4を意味するから、この小ユニット箱に4つの音を入れる。この4つのうち2つの音は小ユニット箱の底と天板に対応し、すでに決まっている。この2音の音程は5半音である。そしてこの小ユニット箱にもう2枚の内棚、2つの音を押し込むと、箱は（底と天板を合わせて）4音を収納する。テトラコルドでは4本の弦をイメージするのが本来だが、ここでは代わりに箱と棚を

イメージしよう。

♪ 起源は古代ギリシャ

　テトラコルドによる音階のつくり方の起源は，古代ギリシャにある。ただし古代ギリシャで使われていた箱の中の棚配置は，現在のものとはまったく異なる。現在の内棚の間隔はたいてい半音か全音だが，当時は半音より狭い間隔も全音より広い間隔もあった。なぜこの音階が消え去ったかはおもしろい話題だが，ここでは立ち入らない。

　図6-3で紹介した棚置き方式では，下のテトラコルドの最高音と上のテトラコルドの最低音の間が全音（2半音）幅だけ開いている。この方式をディスジャンクト，すなわち「離し置き」という。このほか，下のテトラコルドの最高音と上のテトラコルドの最低音を共通とするコンジャンクト，すなわち「のせ置き」もあるが，この本ではのせ置きの例は扱わない。

　ドを底板，ファを天板として中をミとファに区切ったテトラコルドをドレミファ・テトラコルドと言おう。**図6-4**左は図6-3（c）と同じで，2つのドレミファ・テトラコルドの箱と棚を離し置きして正面から見た図である。楽譜からわかるように，このドレミファ・テトラコルドの離し置き音階が西洋音楽の長音階である。さきに示した図6-1は，実は長音階がテトラコルドに分解できることを示したものであった。

　多くの民族音楽で使われている音階が，テトラコルド積み上げ方式でできていると解釈できる。民族音楽の特徴

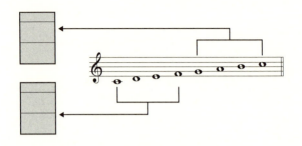

図6-4｜離し置きテトラコルドで表した長音階

は，テトラコルドという枠組みさえあれば，枠の中の音程は臨機応変に変化させればよいという「いい加減さ」にある。その点で，西洋音楽は例外かもしれない。

6.3 箱を積んでつくる日本の音階

♪ 日本固有のテトラコルド

民族音楽学者，小泉文夫（1927-1983）は「テトラコルドは4つの音を含む」という条件をゆるめて音の数を3とした。それならテトラコルドではなくトライコルドと言うべきだが，ここでは小泉先生に敬意を払ってテトラコルドと言う。この3音テトラコルドを離し置きすると5音階ができる。これが日本の音階である。

CとFに挟まれた3音テトラコルドの真ん中の音の高さ

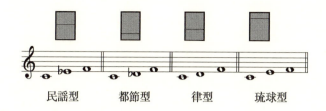

図6-5 日本の音階を表す4つのテトラコルド

を平均律から選ぶとすれば，**図6-5**のようにE♭，D♭，D，Eの4つが可能である。これら4つのテトラコルドを図のように民謡型，都節型，律型，琉球型と呼ぶ。ちなみに3音のわらべうた「大寒小寒，山から小僧が飛んで来た」を歌ってみていただきたい。最低音である「飛んで来た」の「た」をC（ド）とすると，これは民謡型テトラコルドの音を使っていることになる。

♪ テトラコルドがつくる日本の音階

図6-5のテトラコルドから1種類を選んで，図6-3（c）にならって2つ縦に離し置きにすると，**図6-6**のような日本の音階になる。すなわち，民謡型テトラコルドを2つ離し置きすれば民謡音階が，都節型テトラコルドであれば都節音階が，律型テトラコルドであれば律音階が，琉球型テトラコルドであれば琉球音階ができあがる。いずれも5音階である（図6-6の楽譜にはそれぞれ6個の音符があるが，第6音は主音の1オクターブ上だから数に入れない）。民謡音階・琉球音階が民謡に用いられるのに対し，都節音

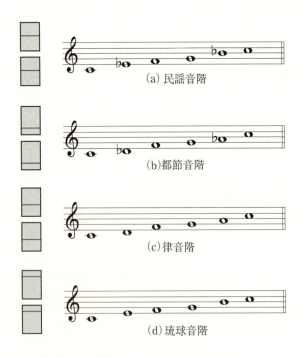

図6-6 日本の4つの音階

階は箏,尺八,三味線音楽などに用いられ,律音階は雅楽に用いられる。

図6-6には4つの音階が書いてあるが,これも便宜的なものである。テトラコルドの上下の完全4度 $\left(\text{周波数比} \dfrac{4}{3}\right)$ という枠組みは固定されているが,第3の中間音は適当に上下する。この結果,都節と民謡の2つの音階が1

図6-7 『黒田節』に見る音階の推移

曲の中に入り交じったり，都節型テトラコルドの上に民謡型テトラコルドが載った音階が使われたりする。

例えば，図6-7の『黒田節』では，「酒は飲め飲め」は都節だが，「飲むならば」では明るく民謡音階に移る。しかも『黒田節』全体から受ける印象は律音階のようでもある。『君が代』にも律音階と民謡音階が入り交じっている。

この枠組みの中間音は，しっとりとした気分を出したければ下げて使い，高揚した気分を出したければ上げて使う。この，上げ下げの結果の音高は12音平均律からずれる。1つの音符の中でも音高をしだいにずり上げたり，ずり下げたりもする。西洋音楽では音階で決められた音しか使うことができないのに比べて，はるかに自由度が高い。ただしその性質上，コードをつけると不協和になる危険がある。

辻まこと（詩人・画家，1913-1975）の「音楽会」と題する文章[1]には「バッハ，ベートオヴェン，モツァルト，

---

[1] 矢内原伊作編 『辻まことの世界』 みすず書房（1977）所収の「文明戯評」．

ショパン，ストラビンスキー，シューベルト。うちへかえればぼん踊り」（原文のまま）とある。小泉文夫は，日本人が風呂に入っていい気分で歌うのは，せいぜいヨナ抜き5音階だと言う。日本の音楽にはハーモニーが定着しないというのだ。しかしこうした評価は，近頃の若い人には当てはまらないかもしれない。

　小泉は，日本の音楽は（のみならず，中国やインドの音楽も），和音の効果・ハーモニーを切り捨てることによって旋律に微妙な味を出す道を選んだのであり，ある意味では西洋音楽より進んでいる，と考えていたようだ[24]。

♪ 5音階のモード

　さきにピタゴラス音律に関連して紹介したヨナ抜き5音階は，本節で述べてきたテトラコルドから導かれる5音階とは別ものである。小泉は，「日本人は5より大きい数の音階はだめ。5音階のうちで，とりあえず西洋音楽のハーモニーをつけて何とかなるのがヨナ抜き5音階だから，これを唱歌に取り入れた」と言っている[23]。しかしすでに述べたように，この5音階は世界中のどこにでも存在する。

　テトラコルドは日本音階の優れたモデルであるが，別な見方もある[19]。ヨナ抜き5音階のモードとして律音階と民謡音階が現れるのだ。CDEGAの5音を入れ替えると

- CDEGA：ヨナ抜き5音階
- ACDEG：民謡音階

・GACDE：律音階

となる。DEGAC，EGACDは日本では使われない。

都節音階は，短調のヨナ抜き5音階ABCEFをEから始めたモード，EFABCである。また，琉球音階はヨナ抜き5音階とは別な系統の音階ということになる。

6.4 ブルースはポピュラー音楽のルーツ

現在の多くのポピュラー音楽はジャズに根ざしており，ジャズをさかのぼればブルースに行き着く。**ブルース**のルーツはアフリカの黒人音楽で，その名残か，ブルース音階でも音程はあいまいである。西洋音楽には和声という束縛があるが，音程があいまいでは和音のつけようがない。5.3節で，ジャズの基本はコード進行と言ったが，ジャズ演奏のおもしろいところは，西洋音楽の機能和声による束縛に対する妥協と反抗にある。

一説には，ブルース音階（ブルー・ノート）は黒人奴隷たちが西洋音楽を聞いて，自分たちの持っていた図6-8（a）のヨナ抜き5音階を7音階に拡張した結果だという。すなわちCDEGAの5音階で，EとGの間にFを，AとCの間にBを入れた。その際，Fを入れたときにEを微妙に下げ，Bを入れたときはBそのものの音高を微妙に下げ，音

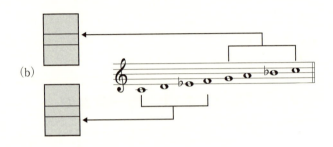

|図6-8| (a) ヨナ抜き5音階と (b) ブルース音階

階中の音の間隔の平均化を試みたのだ。

　ブルース音階をあえて楽譜で示せば，図6-8 (b) になる。ただし，ブルース音階の第3音と第7音の「下げ幅」は五線譜のフラット記号で表すよりも狭いらしい。おまけに，枠組みの中の音程にはテトラコルド構造に特有の自由度がある。しかし，ピアノなどの鍵盤楽器でブルースやジャズを演奏するときは，この図の音を使わざるを得ない。

　図6-9に，ブルース音階に近い3つの音階を示した。とくに中段のCを主音とするドリアンは，図6-8 (b) そのものである。ブルースでは，1つの曲の中に図6-9の3つの音階が混在してもよい。歌い手や演奏者の気分によって，長音階，ドリアンモード，自然短音階の間を行ったり来た

図6-9 Cを主音とする（a）長音階，（b）ドリアン，（c）自然短音階

りするのだ。この特徴を複調性と表現することもある。

　五線譜に書かれたブルースにさえこの複調性をうかがうことができる。**図6-10**は，W・C・ハンディ（William Christopher Handy, 1873-1958）作曲の『セントルイス・ブルース（St Louis Blues）』の冒頭である。ト長調すなわちGが主音である。冒頭のB音はブルース音階では第3

図6-10 『セント・ルイス・ブルース』の出だし

矢印のBは長音階，B♭は短音階を志向している。

音だから，図6-8によればフラットにしなければならないが，最初の矢印のBはフラットにせず，長音階を志向している。次の矢印のB♭は短音階あるいはドリアンを志向する。そして歌っても演奏しても，規則に従うより楽譜に従うほうが自然に聞こえる。

6.5 数十段の音階，微分音階

ここまでに述べたのとはまったく別に，とにかく聞き分けられる音高の最小単位から音律を構成する，というアプローチがある。アラブやインドの音律である。このような音律を五線譜で表すことはとうてい不可能だ。

日頃，微分積分を用いている職種の人間にとっては違和感があるが，音楽の世界では，西洋音楽の半音より小さい音程を**微分音程**と言う。アラブやインドでは当然のことながら微分音程を用いている。インドの古典音律ではオクターブを22分割するが，等分割ではない（すなわち，平均律ではない）。この22の音律から7音を選んでつくる複数の音階を使う。

インドの音律は，アラブの音律と比較するとまだしも構成がすっきりしている。アラブ音楽には「マカーム」という体系がある。このマカームが何を指すのか判然としないが，マカームを音律とみなしたときの音数は，モロッコでは26，アルジェリアでは16，チュニジアでは29である。た

だしこの数は文献によっても異なる。

どれとどれを同じマカームとするかという判断もあいまいだ。多くの場合，音律から選んで音階を構成する音数は10以下だが，西洋風に全音を基準とすれば，音程は$\frac{3}{4}$音内外である。アラブ音楽の特徴の1つは「中立音程」で，これは長短3度の中間に位置する音程や，長短6度の中間に位置する音程を意味する。

例えば**図6-11**はセガーというイランの7音階で，第1音と第4音，第5音と第8音がテトラコルドの箱をつくっている。右側は12音平均律の「目盛り」である。第3音と第6音は上下の音との音程が12音平均律の全音の$\frac{3}{4}$に相当する。この2音は12音平均律には存在しない。この2つの音が使われるために，われわれはセガーによる音楽から不思議な印象を受ける。

ギリシャ文化はいったんアラブを経由して西欧に伝わった。ピタゴラス音律も例外ではない。しかしアラブ民族は一度は経験したピタゴラス音律を捨てた。藤枝守（作曲家，1955-）はこの理由を，ピタゴラス音律の全音幅や半音幅にアラブ人特

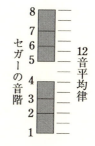

図6-11｜イランのセガー音階のテトラコルド

12音平均律との比較。

181

有の言語の抑揚が持つ音間隔が適合せず，ピタゴラス音程の中間に位置する音程を望んだためとしている[16]。

インドの音楽，アラブの音楽については，著者は書物やインターネットで知るしかないのだが，情報が互いに矛盾したりすれ違ったりで，全貌がつかめない。著者の不勉強を理由に，これ以上立ち入らないことにする。

6.6 旋律打楽器バンド ——ガムラン

ガムランは東南アジアの各地，とくにインドネシアを中心とする伝統音楽である。図6-12 (a) にガムランに用いる諸楽器を示す。ガムランではもっぱら打楽器が旋律を担当する。縦笛や胡弓などの管楽器・弦楽器は打楽器が奏でる主旋律を控えめに装飾する程度である。旋律打楽器は木琴・鉄琴属と，どら（銅鑼）属に分類でき，図6-12 (b) に示すどら属の旋律打楽器については後でやや詳しく述べる。

ガムランで旋律を担当する金属打楽器は，一度つくられてしまえば，その時点で音程が決まる。演奏のたびに調律することはできない。インドネシアでは，楽器職人は先祖代々竹の音叉を受け継いでおり，これを用いて楽器セットすべての音づくりをするそうだ。楽器職人というより，鍛冶屋といったほうがぴったりする。「海岸に打ち寄せる波の響きがほしい」などという文学的な依頼を受けて，音づ

第6章 | テトラコルド

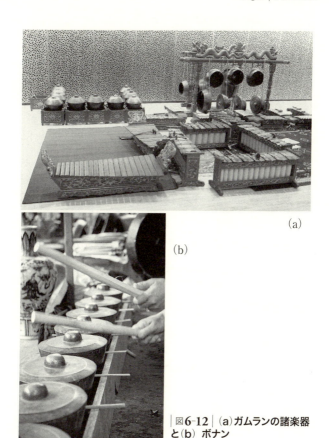

| 図6-12 | (a)ガムランの諸楽器と(b) ボナン

くりをすることもあるという。

　ガムランの個々の楽器の調律の違いが、そのセットの音楽的な個性を生む。1つの村には1つの調律、あるいは音律がある。村人はそれぞれの音律を誇りにしている。それ

183

ぞれの音律の持つ個性が村のアイデンティティーを反映するということである。

　ガムランでは，楽器間の周波数のずれが「うなり」を生じる。西洋音楽ではうなりは悪玉だが，ガムランではそうは見なされない。むしろ，うなりが与える深い陰影を活かす演奏こそがよい演奏であるとされる。すでに述べたいくつかの民族音楽の場合とは意味が異なるが，ガムランの音程もアバウトである。

　ガムランでは，複数の演奏者が互いにコミュニケーションをとりながら音の中で遊ぶことができる。こうした特徴が評価され，最近は日本の学校教育にも取り入れられている。

♪ ガムランの音律

　ガムランにはスレンドロ，ペログの2つの音律がある。どちらも**図6-13**に示すようにテトラコルド構造を持つ。図の矢印は，音高が楽譜の表示より上下する傾向を示す。同じスレンドロ，同じペログでも，ガムランのバンドによって調律が微妙に異なる。

　スレンドロは近似的な5音平均律である。楽譜上は日本の律音階と同じだが，聞いているとあまりそうは感じられない。ペログはオクターブを不均一に分割する7音からなり，一般に音階と言われるが，実は音律であって，このうちからもっぱら5音を選んで音階とする。ペログからつくる音階には，琉球音階と似ているものもある。

図6-13｜インドネシア・ガムランの（a）スレンドロ音階と（b）ペログ音階

矢印は，音高が楽譜の表示より上下する傾向を示す。

♪ ボナンの音階とスペクトル

　図6-12（b）のずらりと並んだ一組の鍋のようなものの全体がボナンである。もう少し深い鍋もガムランに用いられるが，そちらにはケノンという名前がついている。鍋というよりヤカンと言ったほうがいいかもしれない（ちなみに，オーケストラで使うティンパニの本体はケトルと言い，和訳すればヤカンである）。ボナンでは1つ1つの鍋が固有の音高を持ち，これらの鍋を順番にたたいて旋律を奏でる。

　ボナンは十数個の鍋の集合体であるが，**図6-14**（a）にこのうちの1個の鍋のスペクトルを示す。（b）は図4-7と

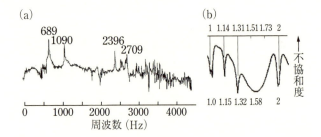

図6-14 | 典型的なボナンの（a）周波数スペクトルと（b）不協和曲線

(b) の横軸目盛りは対数的に1と2の間を5等分している。曲線の下の数値は谷の位置における周波数比。

同じ手順で、スペクトルにもとづいて描いたボナンの不協和曲線である。曲線の上には、オクターブを対数的に5等分した周波数比の目盛りがふってあり、下には実測された谷の周波数比を書き入れてある。このように、最低音に近い2つないし3つの谷の位置は上の5等分目盛りとほぼ一致する。

音階をつくるどの鍋でも、倍音と主音の周波数比が同じであれば、ボナンは5音平均律では快く響くはずである。そして、たしかにスレンドロ音律は5音平均律であった。しかし、このボナンの音が他の楽器の音と混ざると、適当に不協和音が混じり、音楽に陰影が生まれるのである。

第7章

楽器の個性を
生かそう

7.1 楽器と5度円

♪ 弦楽器の調弦

これまでに再三登場した5度円は、楽器にも顔を出す。4本の弦を持つバイオリン属の楽器を考えてみよう。バイオリンは高い方からEADGと調弦し、ビオラ、チェロはオクターブずれるが、どちらもADGCと調弦する。5度間隔である。ピアノに合わせてはいけない、純正律に合わせろとする教則本もある。

コントラバス(ジャズでは英語のダブルベースを略してベースという)では高い方からGDAEで、バイオリン属と逆方向に5度円をたどる。バイオリン属からではなくビオール属から進化したという、歴史的背景によるものらしい。ビオラ・ダ・ガンバの最低音域楽器、ビオローネという楽器が直接の先祖だそうだ。

ギターは旋律も和音も

| 図7-1 | 10弦ギターを演奏するイエペス

Getty Images提供

奏でる必要から、完全5度体系とは別な調弦が用いられる。標準的な調弦はEBGDAEだが、実際に弾く弦以外の弦も共鳴させる目的で、ナルシソ・イエペス（Narciso Yepes, 1924-1997.『禁じられた遊び』の映画音楽を担当）は第6弦の下にさらにCB♭G♯F♯を加え、**図7-1**の10弦ギターを開発した。現在この10弦ギターは普及しているが、追加された4本の調弦は奏者によって異なる。実際に弾く弦は高音側の6本だけで、残りは共鳴専用である。このような弾かない共鳴弦は民族楽器にもよく見かけるし、バロックの擦弦楽器、ビオラ・ダモーレにも備わっており、バロック・リュートにも前例があるという。

♪ スティールパン

スティールパンはスティールドラムとも言う。ドラム缶からつくられた音階のある打楽器である。1930年代末、カリブ海最南端の島国トリニダード・トバゴ共和国で、イギリス政府によりドラムの使用を禁止された黒人達が発明した。**図7-2**（a）のように、両手のスティックで演奏する。（b）のように演奏面の各区画がそれぞれ高さの異なる音を持ち、その区画は逆回りの5度円（4度円ということもある）に配置されている。

図7-3はスティールパンで半音階を弾いたときのソノグラム（上）とエンベロープ（下）である。エンベロープは音の振動波形（たとえば31ページ図1-8）の山と山の頂点を結んだ曲線、谷と谷の底を結んだ曲線で、もとの波形を包んだものである。包絡線ともいう。図7-3下のエンベロ

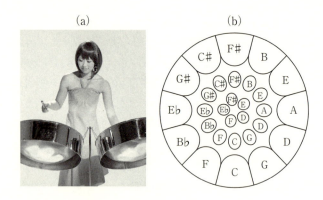

図7-2 | スティールパン

(a) 演奏する様子。奏者は山脇妃見子氏（PAN NOTE MAGIC）。(b) 演奏面の一例。各くぼみが各音高に対応し、配置が反時計回りの5度円をなすのが一般的。

ープからは、角演奏面を次々に叩いたときのそれぞれの音量の変化が見て取れる。

ソノグラム（262ページ付録参照）は図7-3上では、エンベロープをつくる音の各時刻における周波数スペクトルを、縦軸上にグレイスケールで示して並べ、2次元図形として示したものである。図7-3では半音階を弾いたので、周波数が階段状に変化することがわかる。縦方向に並んだ複数の階段は、下から基本波・2倍波・3倍波・4倍波・…がつくっている。

管・弦は1次元の構造を持つので、整数倍波が生じるのは当然である。しかし、このような曲面を叩いたときの整数倍波の生成には、演奏面のくぼみの5度円配置がかかわ

第7章 楽器の個性を生かそう

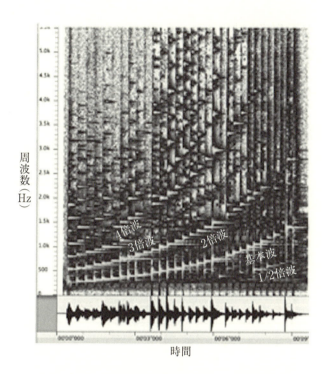

| 図7-3 | スティールパンで半音階を弾いたときの、ソノグラム（上）とエンベロープ（下）

っているらしい。それに加えて、きわめて高い楽器製造技術が必要といわれる。

とくにソノグラムの高音部では、基本波よりもさらに低音側に$\frac{1}{2}$倍波が現れている。いわゆる下方倍音である。

191

また整数倍系列から外れた周波数音も見られる。図7-2(b)の配置では叩かない部分も振動するし、またスカートと呼ばれる円筒部分も振動する。こうした要素が一種ワイルドな、独特の音色を生じさせる。

♪ ピアノ式アコーディオン

アコーディオンにはボタン式とピアノ式がある。**図7-4**(a)のピアノ式は、右手で操作するピアノと同様な鍵盤、左手で押すための図7-4(b)の配置のボタンを持つ。そ

| 図7-4 | ピアノ式アコーディオン

(a) 右手でピアノと同様の鍵盤を操作し、左手でボタンを押して演奏する(PPS通信社提供)。(b) ボタン配置の一例。

の各列の並びは5度円の順番を持つ。これらのボタン列は上からThird Bass, Root Bass, Major, Minor, Seventh, Diminish Seventhと名付けられている。ただし，アコーディオンによっては別な配置を持つものもある。

7.2 弦楽器の奏法，管楽器の構造

♪ 弦楽器・管楽器の音高

弦楽器の音高を決める要素は，

(1)単位長さ当たりの弦の質量，
(2)弦の張力，
(3)弦の長さ，

の3つである。演奏中に変えるのは，主として(3)弦の長さである。張力はもっぱら演奏前の調音に用いられるが，ベトナムや中国の独弦琴のように，演奏中にも張力を調節して音高を変える楽器もある。複数の弦を持つ楽器のうち，バイオリン属やギターでは長さが同じで重さの違う弦をそろえる。ピアノやハープは1音1弦だが，弦には質量の異なるいくつかのグループがあり，そのグループ内で長さの違う弦をそろえている。

管楽器で音高を変えるには，管の長さを変えるしかない。フルート，篠笛，リコーダー，尺八などでは吹き口か

ら閉じていない最初の指穴までが管長にあたる。吹き口に近い側から指穴をふさいでいけば，順次管長が伸びて音が低くなる。

　管楽器の形状が直線である必要はない。例えばトランペットでは，ピストンあるいはバルブで空気を迂回させて管長を増し音を下げる。チューバは見ただけで管がとぐろを巻いているのがわかるが，もっとも音域が低いB♭チューバの場合，バルブを何も押さないときの管長は5.4m，全部押したときの管長は9.6mに及ぶ。

♪ 擦弦楽器

　ギターや箏の弦が弾く奏法（ピチカート）で振動するのは，直感的に理解できる。では，バイオリンに代表される弦楽器のように，弦を擦って（ボウイングで）持続音を出すのはどのようなメカニズムによるのだろうか。

　機械工学の分野では，このメカニズムを自励振動（self-excited vibration）と呼んでいる。バイオリンとは似ても似つかないが，図7-5が自励振動のモデルで，機械工学の教科書によく登場する。

　このモデルでは，ベルトの上の四角い物体は，バネを介して壁に固定されている。ベルトとともに物体も右に動くが，ある程度の距離を動くとバネの復元力が摩擦に打ち勝ち，物体は左に戻る。しかし，ベルトが右に動くことをやめないので，また物体も右に動き始め，またバネの力で戻される。この繰り返しで，物体は右に行ったり左に行ったりする。

第7章｜楽器の個性を生かそう

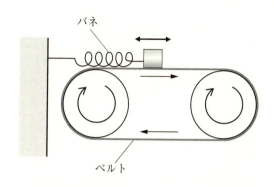

| 図7-5 | 自励振動のモデル

　バイオリンの弦を弓で弾く動作と比べると、ベルトは弓、バネと物体は弦に対応する。弓と弦の間には摩擦が必要なので、弓には松やにを塗る。図7-5のモデルでは、ベルトがゆっくり動いてもバネは高速で伸縮できる。バイオリンの弓を動かす動作がきわめて遅くても、弦が高速で振動し高音を出すことが納得できる。

　図7-6は、(a) ピチカート（弾弦奏法）と (b) ボウイング（擦弦奏法）でバイオリンで、同じC音を弾いたときの波形と周波数スペクトルである。波形の時間範囲は0.5秒に過ぎないが、ピチカートでは音量が減衰することがわかる。一方、ボウイングでは動作を続ける限り音が持続する。

　ピチカートに比べボウイングの波形はギザギザしている。これは、弓に拘束された弦が、弾性により弓から逃れ

195

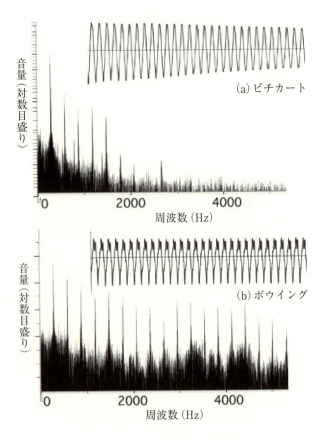

| **図7-6** | **(a) ピチカートと (b) ボウイングの波形とスペクトル**

いずれもバイオリンのC音。波形の測定範囲は0.5秒。

る瞬間に「跳ぶ」ためである。理論的には，時間的に不連続な点がある波形のスペクトルの高調波は無限に続く。図

の横軸は途中で切れているが，実際には10000Hzを超える高調波列が測定されている。

　一般に，高調波が多いほど音色を明るく感じるが，ピチカート音とボウイング音の比較は，一方はパルス音，もう一方は持続音なので，一筋縄ではいきそうもない。

♪ 弦の腹と節

　弦の振動モードはすでに29ページ図1-7に示した。節の位置で弦を指板にまで押さえつけず，軽く触れる程度で弾くと，そこを節に持つ整数倍音だけを鳴らすことができる。すなわち，触れた箇所が腹となる振動は抑制される。これを擦弦楽器ではフラジオレット奏法，弾弦楽器ではハーモニクス奏法という。

　クラシックギターのハーモニクス奏法はスペインのギタリスト，ミゲル・リョベート（Miguel Llobet, 1878-1938）の『アメリアの遺言（El Testament d'Amelia）』，バイオリンのフラジオレット奏法であれば，イタリアの作曲家ヴィットリオ・モンティ（Vittorio Monti, 1868-1922）の『チャルダッシュ（Csárdás）』第2部の中間部などで聞くことができる。ハーモニクスあるいはフラジオレットの音をひとことで言うなら，高い音である。さらに，弾弦楽器では音が伸びない（サステインしない）のが特徴である。

　前項で触れた中国・ベトナムの独弦琴は，1本の弦の張力を調節し，ハーモニクス奏法を併用して音高を変える。ギターではハーモニクス奏法はときどき効果を与える脇役

だが、中国・ベトナム系の独弦琴では1曲ほとんどまるごとハーモニクス奏法である。**図7-7**はベトナムの独弦琴ダン・バウで、右の柱の上部を左右に動かして張力を変え、音高を変える。小指で節にさわり、「クエ・ガイ」（ピックのようなもの）で弾いて音を出す。

　弦楽器一般で、弦の中央は腹であり、そこを弾けば偶数倍音だけが出る。奏法によっては基本波だけを出すこともできる。2本の弦が出す音が協和するには、それぞれが整数倍波を持つことが必要であった。もし一方（両方でもよい）の音が基本波だけを持ち整数倍波がなければ、2音は協和しないが不協和にもならない。ジャズ・ギター奏者には不協和音を弾いても不快感を与えないプレイヤーが存在するが、その奏法の秘密はこんなところにあるのかもしれ

| 図7-7 | **ベトナムの独弦琴「ダン・バウ」**

ない。

♪ 開管と閉管

120ページ図4-5右に管楽器中の空気の振動モードを示した。この図の管は両側が閉じているが、これでは空気を吹き込むことができない。実際の管楽器の管は、両端が開いている「開管」か、管の一端が閉じた「閉管」のどちらかである。管楽器の中にはリードを持つものがあり、この場合は大半の時間、リードが管を閉じている。このような管を閉管とみなす。

図7-8の閉管では、右側が吹き口である。図のように、管の長さが同じでも、閉管の波長は左に示す開管の2倍であり、出る音の周波数は半分、音は1オクターブ下になる。そして、管の中の空気の振動には、閉管では偶数倍波は存在しない。同じ長さの管でも、開管と閉管では、周波数スペクトルに下の図のような違いが生ずる。

クラリネットは典型的な閉管楽器とされるが、スペクトルを測ってみると、存在しないはずの偶数倍波も意外に大きい。**図7-9**（a）は、クラリネットでハ長調のドレミ…を吹いたときのソノグラムでもある。基本波の上に2倍波、4倍波、…の偶数倍波も、弱いながらちゃんと存在する。

単純な実験で開管・閉管のスペクトルを比較した結果を図7-9（b）（c）に示す。学童用のパンフルート（キクタニミュージック PF-8L）の1本の管の着脱可能な底（キャップ）を、着けた場合と外した場合との比較である。た

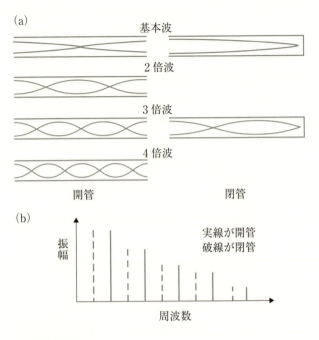

|図7-8| **開管と閉管**

(a) 開管と閉管における空気の振動モード。閉管では偶数倍波は生じない。(b) 同じ長さの開管と閉管の周波数スペクトル。

だし,パンフルートという楽器は開管で使用されることを想定していない。キャップは,管内に溜まった唾液を取り除くために着脱可能になっており,パッケージには「お手入れ:白いキャップを外して水洗いしてね」との注意書きが入っていた。

痕跡程度の偶数倍波を無視すれば,(b) 閉管のスペク

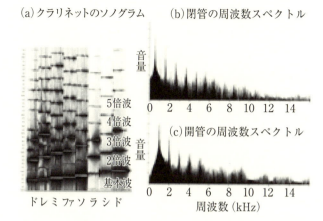

図7-9 (a) クラリネットでハ長調のドレミ…を吹いたときのソノグラム。(b) と (c) は，パンフルートにおける同一長さの閉管と開管のスペクトル。

トル線は (c) 開管のスペクトル線の間隙にのみ存在する。図7-8と同じである。

7.3　2次元打楽器

♪ 2次元の振動

　ここまで，弦楽器の弦の太さ・ピアノ線の太さ・笛の太さなどは無視し，弦楽器・管楽器における振動は1次元とみなした。この数学的な近似は大きな破綻をもたらしてい

ない。

 しかし、2次元・3次元の物体の振動は1次元の弦や管の中の空気の振動とはまったく異なる。そして、2次元・3次元物体が楽器として使われるとき、「打楽器」という形をとる。3次元楽器の典型は6.6節のガムランの諸楽器である。ここでは、1次元と3次元の中間である、2次元の円盤や平板を打楽器として使うことを考えよう。

 1次元の振動では、120ページ図4-5に示したように、直線上に腹と節が現れた。1次元の振動では節は線上の点であったが、2次元の振動ではこれに当たるものが面上の線となる。このことを確かめられる簡単な実験を紹介しよう。

 オーディオ・スピーカーを水平に置き、その上に板を載せて、塩・砂など、なるべくさらさらした粉体をばらまく。下からの音波で板を振動させると、板には振動する部分（腹）と振動しない部分（節）が生じる。粉体は振動しない部分に線状に分布

図7-10 | クラドニ・パターン

弓でこすったときに生じる平板の振動の様子が、板の上の粉体の分布パターンとして観察できる。(Wikimedia Commonsより。出典：W. H. Stone (1879), *Elementary lessons on Sound*, Macmillan & Co., London, p. 26, fig. 12.)

するが，粉体はその上に集まり，パターンをつくる。この現象は，発見者であるドイツの物理学者・天文学者エルンスト・クラドニ（Ernst Chladni, 1756-1827）にちなんで，クラドニ・パターンと呼ばれている。

正弦波で板を振動させ，その周波数を次第に変えていくと，パターンが次から次へと変化する。板の形状が円でも，正方形でも，バイオリンのような楽器型でも，この方法でパターンが楽しめる。**図7-10**は19世紀イギリスの音響学の教科書に掲載されたもので，弦楽器の弓でこすって平板に振動を与え，パターンをつくっている。

♪ 円盤の振動

金属製の円盤楽器を紹介しよう。**図7-11**の楽器が櫻井直樹により開発され，ポリゴノーラと名付けられた[*1]。10枚程度の金属円盤をマレットで叩いたとき，各円盤が発する音高が音階をつくる。円盤の他にも三角形，五角形などの楽器が製作されており，多角形を意味する「ポリゴン」からこのように名付けられた。

このポリゴノーラのための錚々たる作曲家による作品が錚々たる演奏家によってCD化されている[*2]。

金属の円盤の基本周波数は，円盤の直径・厚さと材質（ヤング率・密度・ポアソン比）で定まる。同じ材質の円

[*1] ポリゴノーラに関する記述は櫻井直樹氏提供の資料による．
[*2] 櫻井直樹 『ポリゴノーラ（平面多角形楽器）の音楽 —— 新しい音，音色，音階』（CDに付属の解説書） 生物振動研究所（2017）．CDは http://www.oto-circle.jp/ より購入可能．

図7-11｜円盤楽器ポリゴノーラ

櫻井直樹氏提供

盤を並べると、直径が大きく、厚さが薄い方が周波数が小さく低音が出る。1次元振動では節（あるいは腹）の数が振動モードを決めた。節を決めれば腹が決まるから、パラメータの数は本質的には1つであった。いっぽう、円盤の振動モード（クラドニ・パターン）は2つのパラメータを持つ。

円盤の振動モードは大きく2種類に分けられる。節が数本の直径として生じ、それらを境に隣り合う扇形が交互に凹凸を生じる「ピザモード」、そして、同心円状に節が分布し、それらの内外で交互に凹凸が生じる「ドーナツモード」である。実際には、ピザモードとドーナツモードが同時に生じる場合があり、それを「ピザ・ドーナツ混合モード」と呼ぶ。したがって、円盤の振動モードを決めるパラ

第7章 楽器の個性を生かそう

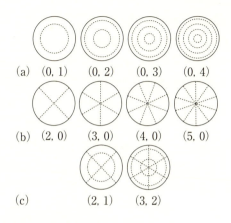

図7-12 金属円盤の振動モード

(a) ドーナツモード，(b) ピザモード，(c) ピザ・ドーナツ混合モード。各図の下の(m, n)はピザモードの次数mとドーナツモードの次数nを表す。

メータは，直径として現れる節の数mと，同心円として現れる節の数nの2つである。**図7-12**に示すように，m，nが大きくなると振動も複雑になる。

♪ 円盤楽器の設計プロセス

このように，円盤の振動モードは1次元の弦・管に見られる振動モードとはまったく異なる。1次元の楽器で純正律が心地よく響くのは，不協和曲線に谷を与える（協和する）周波数が音律をつくっているからである。そこで，126ページの図4-7にならって円盤楽器のための新しい不協和曲線を計算し，それにもとづいて円盤楽器のための音律

をつくることを試みた。

図7-13は厚さ2mm，直径233mmの青銅の円盤の各モードに対する不協和曲線である。ピザモードの不協和曲線は$m = 2, 3, \cdots, 9$のモードが，ドーナツモードの不協和曲線は$n = 0, 1, 2, \cdots, 6$が，混合モードでは$(m, n) = (2, 1), (3, 1), \cdots, (9, 1)$が存在すると仮定した。

不協和曲線に谷を与える周波数にもとづき選んだ構成音からつくった音律を**図7-14**に示す。図には比較のために12音平均律も示した。円盤の音律の音の間隔は平均律とは異なり等間隔ではない。さらに1次元楽器と異なり，円盤ではオクターブ（1200セント）離れた，周波数比が1対2となる2音は協和しない。円盤音律では図に書き入れたよ

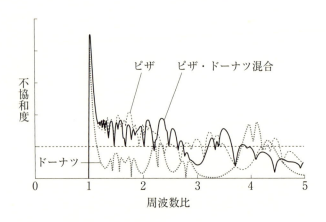

| 図7-13 | 円盤の振動のドーナツモード，ピザモード，ピザ・ドーナツ混合モードに対する不協和曲線

第7章 | 楽器の個性を生かそう

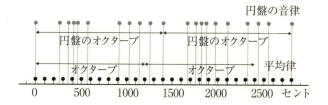

| 図7-14 | 円盤の音律の構成音の音程と平均律との比較

うに，1406セント（周波数比では2.2527）を新しく1オクターブと定義すべきであろう。

7.4 リズム楽器

　現在では，打楽器はほとんどリズム楽器として使われている。**図7-15**はジャズドラムのセットで使われるスネア・ドラム，バス・ドラム，ハイハットのスペクトルである。どのスペクトルにもこれといったピークはない。これらの楽器の音には音程というものがなく，いわゆる「雑音」である。音程がないので，どんな調性の楽器とも合奏できる。

　ところで，なぜガムランの打楽器ボナンでは図6-14のように音程がつくれて，ドラムではつくれないのだろうか？鍵は構造にある。ボナンの鍋は底が閉じている。しかも丸

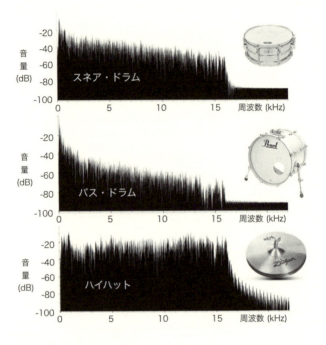

|図7-15| ドラムセットに使われるスネア・ドラム,バス・ドラム,ハイハットのスペクトル

底なので,中に閉じ込められた空気の振動の反射に規則性がある。一方ドラムは円筒型で裏表2枚のヘッドがあり,裏と表を往復するうちに振動が複雑多彩になる。オーケストラで使うティンパニは音程を持つが,その本体(ケトル)はボナン同様やはり丸底である。

7.5 電子楽器テルミン

　シンセサイザーの出発点はアコースティック楽器の音色を真似ることであった。同じ電子楽器でも，テルミン（theremin）はまったく違う発想から生まれた。

　テルミンには発振回路が2つ組み込まれており，2つの発振周波数の差がうなりを生じる。発振周波数が人体とアンテナとの静電容量，すなわち人体とアンテナとの距離で決まることを利用して，音高と音量を変化させるのである。

　図7-16(a)に示すように，テルミンにはアンテナが2本ある。アンテナの1本はループ状で平面を規定しており，この平面から奏者の片手までの距離で音量が定まる。もう1本は直線アンテナで，ここから奏者のもう一方の手までの距離で音高が定まる。

　すなわち，等音高面は図7-16(a)の右の直線アンテナを中心軸とする円筒をつくり，等音量面は図左の，ループ面と水平な平面をつくる。静電容量はアンテナと演奏者との距離に反比例するので，音高も音量も基準となる軸ないし平面からの距離の対数となる。音高では，距離（長さ）への変換はピアノの鍵盤と同じ，音量はdBと思えばよいので，われわれの感覚と一致する。

　奏者は音高を決めるほうの手は，親指と人指し指で円をつくって空間に基準位置を定め，残り3本の指を伸ばしたり縮めたりして演奏する。ふつうの楽器なら，楽器という

| 図7-16 | テルミン

(a) テルミンの等音量面（左の水平面）および等音高面（右の円筒表面）。(b) テルミンの演奏。

物体の存在が位置の基準だが，何もない三次元空間で位置を認識し設定するのは，とても難しい。おまけに，アナログ回路だから安定しない。電源を切って入れ直すと，ピッ

210

チの基準はまず再現しない。しかしデジタルに流れず，言うことをきかないアナログ回路とのつきあいこそ，「テルミンならでは」の楽しみであろう。

テルミン奏者によれば，この楽器は他のどんな楽器とも相性がよいが，強いて言えば，ピアノと合わせるのが苦手とのことである。**図7-17**のソノグラムが示すように，その音は規則的な倍数波を持っており，やはり西洋音楽のための楽器と言える。しかし，もともと音律・音階とは無縁な楽器なので，後に8.7節で示すように，テルミンの特性を活かした曲を作曲し演奏するべきであろう。

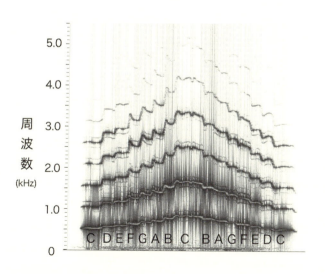

| 図7-17 | テルミンによるハ長調上行・下行のソノグラム [11]

7.6 声こそ最高の楽器

「声こそ最高の楽器」という言葉を耳にするので、最後に人声のソノグラムをながめてみよう。オペラ歌手の声などは縁遠く感じる。そこで、図7-18 (a) の、森進一の『女のためいき』（吉川静夫作詞・猪俣公章作曲）の一部、一瞬バックのオーケストラが休む部分のソノグラムを検討しよう。

ためいきの「た」はほとんど雑音で、ここで話すように入る。「め」の後半で音程を徐々に上げるが、整数倍音が低域にとどまるかわりに10kHz域までを雑音が満たしている。「いー」と伸ばす部分は高音域まで整数倍音が豊富である。この後0.2秒ほど間があって「きー」と続く出だしにも整数倍音が見られるが、すぐに伴奏がかぶる。いろいろな唱法を使い分けているのは超絶技巧のなせる業であろう。「た」を除き、音程は平均律で計算した周波数とぴったりだった。

違うジャンルとして、図7-18 (b) には仏教声楽である天台声明・大懺悔のソノグラムを示した。こちらでは整数倍音が6～10kHz帯まで8秒ほども続く。

この2例の整数倍音は、ヒトの声道も管であって、管楽器と同じ構造を持つことから生じるのだろう。逆に言えば、弦楽器・管楽器はヒトの声の模倣にすぎないのである。そう考えると、これらの楽器のためにつくられた音律が世界を制したのも当然かもしれない。

第7章 楽器の個性を生かそう

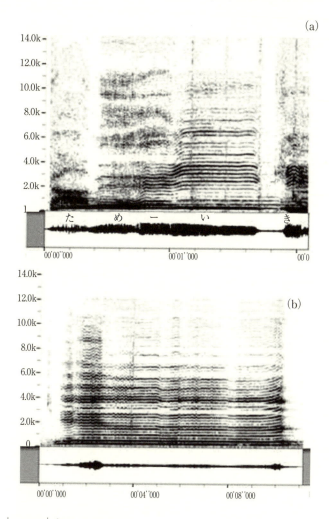

図7-18 声のソノグラム

(a) 森進一の『女のためいき』の一部。ビクターエンタテインメントから発売されたCD『女のためいき』の音声をもとに作成した。(b) 天台声明・大懺悔の一部。https://www.youtube.com/watch?v=nBNdaOi8TlUの動画の10～21秒の音声をもとに作成した。

第 **8** 章

音律と音階の冒険
——新しい音楽を求めて

8.1 そっくりメロディからの解放

　寺田寅彦（物理学者・文筆家，1878-1935）は，「俳句の精神」という文章で，

「（俳句の）十七字のパーミュテーション，コムビネーションが有限であるから俳句の数に限りがあるというようなことを云う人もあるが，それは多分数学というものを習い損ねたかと思われるような人達の唱える俗説である」

と断じている。さらに彼は「連句と音楽」と題する文章で，ハーモニーの展開を連句になぞらえている[*1]。

　旋律のほうは7音程度のパーミュテーション（並べ替え）である。西洋音楽のように機能和声という枠組み（定石的なコード進行）があると，可能な旋律は限定されるから，たくさんのそっくりメロディが生じる。森繁久彌作曲の『知床旅情』は中田章作曲の『早春賦』にそっくりだとか，中田喜直作曲『雪の降る街を』はショパンの『幻想曲ヘ短調作品49』にそっくりだとかいう話題には事欠かない。

「次から次へと新しい曲をつくる必要はない。おれは一生モーツァルトを聴いていれば満足だ」という方もおられるが，作曲家はそうも言っていられない。新しい旋律をつく

[*1] 寺田寅彦 『俳句と地球物理』 角川春樹事務所 (1997).

るには既存の音律の枠内でも,機能和声のような約束を破ることが1つの方法であろう。もっと過激に,新しい音律に従って作曲してみようという試みもある。7.3節のポリゴノーラのための作品がその好例である。

この章では古典から始め,最近あるいは現在進行中の音律・音階の試みまでを紹介する。金もかからず,人に迷惑もかけない,こうした試みはなかなか盛んである。

8.2 平均律だからできること

平均律は純正律に比べれば協和度が低い。これを当然と思っているうちに,われわれの聴覚はスポイルされ,音楽がだめになったとする主張もある。しかし平均律では均一に音高が散らばっていて,どの音も公平である。平均律の普及以降に登場した音楽,たとえばドビュッシーの作品群,無調音楽,ジャズ,ロックなどは,平均律のこの特色を活かしたものであり,平均律がなければ生まれなかったことであろう(平均律普及以前に作曲された,バッハやモーツァルトやベートーベンの音楽が,現在平均律で演奏されているのは問題かもしれない)。

以下では,平均律ならではの試みをいくつか紹介する。最初は,既存の12音平均律の枠の中での試みである。

♪ コルトレーンの冒険

　最初の例はコード進行である。コード進行は，ミクロな転調にほかならない。これがスムーズにいくのも，平均律ならではである。そして新しいもの好きのジャズメンは，5度円に縛られたコード進行に安住してはいなかった。

B　D7	G　B♭7	E♭	Am　D
G　B♭7	E♭　G♭7	B　Fm　B♭7
E♭	Am　D	G	D♭m　G♭7
B	Fm　B♭7	E♭	D♭m　G♭7

　上記はジャズの改革者の一人，ジョン・コルトレーン作曲の『ジャイアント・ステップス（Giant Steps）』のコード進行である。慣例により，｜は小節の区切りを表す。ジャズ，ポピュラーの楽曲では，2小節が単位になっていることが多い。そこで曲の大きな流れをつかむために，2小節おきに冒頭のコードを拾ってみると，

B，E♭，G，B，E♭，G，B，E♭

となり，3つのコードしか出てこない。**図8-1**のように5度円でこれらの3つのコードの根音を結ぶと，正三角形が現れる。

　常識的なコード進行では5度円を30度間隔，時計の文字盤で言えば1時間の間隔で行きつ戻りつする。これをショート・ステップス（short steps）とすれば，1つのステッ

第8章 音律と音階の冒険

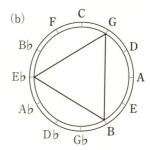

| **図8-1** | 『ジャイアント・ステップス』の5度円上のコード進行

(a) コルトレーンのアルバム『ジャイアント・ステップス』のジャケット写真。(b) 120度間隔のコード進行。

プを120度間隔（4時間の間隔）にしてしまったのが，この曲である。「5度円が360度で閉じる」平均律ならではのコード進行と言えよう。

　作曲された当初は，このコード進行でアドリブ演奏を行うのは至難の業であったらしい。最初の演奏のCDを聴いていると，コルトレーン自身はさすがに流麗に吹いているが，ピアニストのトミー・フラナガン以下，名手と言われたサイドメンたちは途方にくれているように聞こえる。しかし今では学生バンドもこの曲に挑戦する時代となった。

♪ **周波数比が√2となる音高ペア** ——平均律の減5度

　ジャズは，西洋音楽があまり使わない音も好んで用いる。

　図8-2はジャズでよく使われる曲の終わり方である。例

図8-2 ジャズでしばしば用いられる終止形

えば,ジャムセッションでデューク・エリントン（Duke Ellington, 1899-1974）の『Cジャム・ブルース（C Jam Blues）』を取り上げるときなど,最後の2小節で暗黙のうちにメンバー全員でこの旋律を合奏することがある。

最初の小節の×をつけた音に注目していただきたい。この曲はCで終わっているので,主音はC,すなわちハ長調の曲である。×印（すなわちG♭）の音はハ長調の長音階には含まれず,もちろん根音Cとは協和しない,へんな音である。

このG♭は,Cに対して減5度（あるいは増4度）の関係にあり,主音から全音3個ぶん隔たっているので,3全音とも呼ばれる。周波数比では,主音の周波数を1とすれば,オクターブ上の周波数は2であって,これに対して減5度の音の周波数は$\sqrt{2}$である。

図8-3 (a)は5度円,(b)は12音を時計の文字盤上に順番に並べ,減5度関係にある音同士を矢印で結んだものである。矢印で結んだ1組,例えばCとF♯が減5度の関係を示す。つまり,減5度の関係にある2つの音は,どちらの円でも180度離れた反対側に位置する。

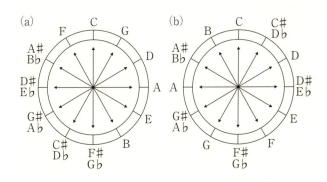

図8-3 オクターブで減5度関係にある6対の音

ところで、ドレミファソラシドはドをダブって数えなければ7音音階である。もう1つ音を増やすとすればどの音であろうか。復習になるが、この5度円で連続する7音を取り出し並べ替えると、ドレミファソラシドとなるのだった。例えば主音がCなら、5度円上でFから時計回りに拾った7音、FCGDAEBが長音階の構成音となった。

7音で止める理由はないと考えて、このやり方で5度円に沿ってもう1つ音を増やしてみよう。すると、主音に対して減5度の関係にある音（主音がCのときはF♯）を加えることになる。図8-2は 7＋1＝8 音階のメロディの例と言えなくもない。オイラー格子においても、87ページ図3-8（a）ではF♯、（b）ではBを加えて8音階とした方が収まりがいいように思える。

♪ 裏コード

　図8-2の例では，減5度音は単に経過音として使われているに過ぎない。しかしジャズにおける減5度の役割はもっと大きい。ジャズ演奏はコード進行にもとづいて行うが，このとき，指定されたコードの代わりに，これと減5度の関係にあるコードを適宜用いてもよいとされる。

　例えば指定されたコードがCなら，F#（G♭）が「代理コード」となる。ジャズでは単純にコードCを使うことは少なく，C7，Cm7，Cdim，Caugなど，もっと複雑な使い方をする。このとき，代理コードとして，CをG♭に置き換えた，G♭7，G♭m7，G♭dim，G♭augなどを使うことができる。例えば，C7というコードを構成する音はCEGB♭であるのに対し，その代理コードであるG♭7の構成音はG♭B♭D♭Eである。この2つのコードには，共通の音が2つ（B♭とE）もある。これが交換可能な理由である。

　もとのコードと減5度の関係にあるコードを「裏コード」という。しかしこれは日本独特の呼び方であって，英語ではTritone Substitutionといい，直訳すると「3全音による置き換え」である。

　この減5度の使用は，1940年代に起きたバップと言われるジャズの革命以降顕著になった。「ジャズのスピリッツはflatted fifth（減5度のこと）にあり」とも言われる。ジャズのルーツであるブルースにはもともと「減5度に近いけれども減5度ではない音」が存在しており，西洋音楽の楽譜を用いるときにこれが減5度で代用されたという説も

ある。

　中世ヨーロッパでは減5度は「悪魔の響き」とされ，忌み嫌われた。中世の減5度と平均律の減5度とは多少周波数比が違うが，どちらにせよ心地よい響きとは言えない。しかし，バロックでは減5度がスパイスのように使われるようになり，ベートーベン（Ludwig von Beethoven, 1770-1827）はもっと普通に使っている。歴史的に見ると，不協和な響きが時代とともに次第に市民権を得るに至る傾向がある。

♪ 全音音階, 全半音階

　12音から1つおきに音を拾ってつくった音階を**全音音階**と言う。この名前は，構成音を順に並べたときの間隔がすべて全音であるためである。ただし，長音階と短音階を合わせた全音階と混乱しやすい。全音音階と言わずに，6音平均律と言うこともできる。

　12音平均律から長音階・短音階は12通りつくれるが，全音音階は2通りしかなく，この2つは半音ずれているだけ

図8-4 ｜ 2つの全音音階

だ。全音音階に旋法はなく、後で出てくる無調音楽と似たおもむきが漂う。五線譜に描くと、**図8-4**のように半音記号がやたらと出てくるが、実は全音音階はしごくシンプルな構造なのだ。

　全音音階をうまく使った作曲家はドビュッシー（Claude Debussy, 1862-1918）である。**図8-5**は、彼が1913年に舞台の伴奏音楽としてつくった『シランクス（パンの笛）』という、フルート1本だけで演奏される3分ほどの短い曲の一部である。原曲に忠実な調性なのでフラットがたくさんついているが、じっくりと音高間隔を勘定すると、下降する全音音階の音符に長短のアクセントをつけただけということがわかる。手近な楽器で演奏していただけば、「しっかりドビュッシーしている」ことが感じられるはずだ。

　なお、2つおきでなく3つおきに12音平均律から音を拾うとディミニッシュ・コード（音階と言っても悪いことはない）になる。4つおきに拾った音にもとづいてコードを進行させたのが、先に登場したコルトレーンの『ジャイアント・ステップス』であった。5度円を全音音階は60度、

| 図8-5 | ドビュッシー『シランクス（パンの笛）』の一部

| 図8-6 | 全半音階の例

　ディミニッシュは90度,『ジャイアント・ステップス』は120度に分割したと考えることができる。この言い方を適用すれば，減5度は180度分割である。これらは，5度円がきっかり30度単位で分割されているからこそできることであり，12音平均律の産物である。

　いっぽう，5度円起源の8音階とは別に，オクターブを全音・半音交互に分割すると8音からなる**全半音階**となる。**図8-6**に示す2つの旋法がある。アレクサンドル・スクリャービン（Alexander Scriabin, 1872-1915）作曲の『ピアノソナタ6番』，ウェイン・ショーター（Wayne Shorter, 1933-）作曲の『Opus Pocus』（ジャコ・パストリアス〈Jaco Pastorius, 1951-1987〉の『Jaco Pastorius』収録）などに使われている。

♪ オーネット・コールマンのハーモロディクス

　普通，音楽は**トナリティ**，すなわち「調性とモード（旋法）が決まっている」という約束のもとに進行する。ジャズの即興演奏が成り立つのは，演奏者間にコードとかモー

ドとかいう暗黙の了解があるから,すなわちトナリティが決まっているからである。

著者の解釈では,このトナリティをあらかじめ決めることをせず,自由に異なるトナリティ間を往来することを試みたのがジャズのアルト・サックス奏者オーネット・コールマン(Ornette Coleman, 1930-2015)である。彼自身は自分の理論をハーモロディクス(harmolodics)と称し,メロディとハーモニーだけでなく,リズムも一体化させた革新的なものとしている。ハーモロディクスは名前だけは有名だが,そのわりに実体がはっきりしないので,「著者の解釈では」と断った次第である。

彼の演奏は,完全なフリージャズの一歩手前にいるようである。著者は彼の1959年のレコード『ジャズ——来るべきもの』を初めて聴いたときは「なんだこりゃ」と思ったが,今聴くと違和感が薄れている。彼の音楽を演奏してみると,どこか懐かしい,わらべうたのような雰囲気を感じる瞬間もある。

本節の「平均律だからできること」というタイトルと矛盾するが,オーネットの初期のカルテットはアルト・サックス,トランペット,ベース,ドラムスという編成で,ピアノがなかった。ピアノという平均律楽器を使わずに,好きな音を選んだとも言える。このようなピアノレス・カルテットは,それ以前にジェリー・マリガン(Gerry Mulligan, 1927-1996)も組んでいる。もっとさかのぼれば,ジャズバンドの源流はブラスバンドで,ピアノがないのが普通だった。当時の演奏は現在に比べれば,純正律的

に響いたのかもしれない。

♪ 無調音楽

　12音平均律には12の音があり，各半音間の間隔はすべて同じである。すなわち，12のどの音も平等ということだ。だからこそ，転調も移調も抵抗なくできるわけである。もともと12音が平等なら，トナリティなど無視できるという考えが出てくるのは当然であろう。20世紀に入ってから，アルノルト・シェーンベルク（Arnold Schönberg, 1874-1951），アントン・ヴェーベルン（Anton Webern, 1883-1945），アルバン・ベルク（Alban Berg, 1885-1935）などが打ち出した，12音技法による「無調音楽」がそれである。

　12音音楽作曲法にはレシピとでも言うべきものが示されている。このレシピでは，まず12音を1回ずつ使った音列をつくる。次にその音列を楽譜上で上下対称にしたり，左右対称にしたりして使う。数学をもちだして，12音をすべて公平に扱うのだが，できあがった作品は意外に人間味を感じさせたりする。

　最後に無調音楽に最適なハードウェアを紹介したい。**図8-7**はジャズピアニスト菅野邦彦（1936-）が開発した未来鍵盤である。1オクターブを構成する12音の鍵が音高順に，同じ高さで一列に配列してある。ただし，もともとは無調音楽を意識して開発されたわけではないので，白と黒という鍵の色は通常のピアノと同様である。半音（クロマチック）鍵盤といったほうがわかりやすい。無調ではない

図8-7 菅野邦彦が考案した未来鍵盤

白鍵と黒鍵の高さに違いがない。下田ビューホテル提供。

ふつうの楽曲を弾いても運指が調性に依存しないという特長がある。

さらにそれぞれの鍵はかまぼこ形で,指との接触面積が小さくなるように設計されている。鍵盤だけを通常のピアノに設置することも可能とのことである。

8.3 純正律をさらに追求すれば

テーマは平均律から純正律へとさかのぼる。

西洋音楽の音律に登場する素数は5までであった。すなわち,3リミットの純正律がピタゴラス律,5リミットの

純正律が「いわゆる」純正律であった。しかし，われわれ人間はもっと大きい素数にも敏感らしい。ここではリミットを大きくする試み，5より大きな素数を使う純正律を紹介しよう。

♪ 7リミットの純正律

図8-8（a）は，130ページ図4-8と同じものであるが，よく似たもう1つの図（b）も示した図（a）は6倍波まで存在するとして計算した結果だが，（b）は12倍波まで存在するとして計算した結果である。ピタゴラス音律は3までの素数，いわゆる純正律は5までの素数にもとづいて組み立てられ，それぞれ3リミット，5リミットの純正律と呼ばれることはすでに述べた。（a）の5リミットに対し，（b）は後に述べるように（7リミットを内包する）11リミットの純正律の不協和曲線である。

（b）には矢印で示した周波数比 $\frac{7}{2}=3.5$ の谷があるが，これは7倍波に由来する。これを1オクターブ下げた目盛り $\frac{7}{4}=1.75$ の位置にも谷が現れている。$\frac{11}{8}=1.375$，$\frac{11}{4}=2.75$ の小さな変曲点は11倍波に由来する。

141ページ図5-3に示したピアノばかりでなく，7倍波はたいていの楽器から生じている。西洋音楽では無視されているが，7リミットの音程は実はあちこちの民族音楽に登場する。ブルースに使われるブルー・ノートの7度，178ページ図6-8（b）に示したB♭音は，本来は主音に対して

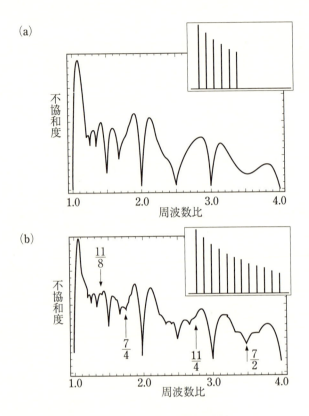

図8-8 主音から2オクターブ上までの不協和曲線

(a) 6倍波まで，(b) 12倍波までを計算に入れた場合。

$\frac{7}{4} = 1.75$ の周波数比を持つ音であるという説がある。ちなみに平均律ではB♭の周波数比は1.781…である。

第8章 | 音律と音階の冒険

また，ガムランのスレンドロ音階（185ページ図6-13 (b)）は5音平均律ではなく，主音に次々に $\frac{8}{7}$ あるいは $\frac{7}{6}$ を乗じて得られたものだとも言う。ガムランのオクターブは，演奏グループによっては周波数比が2からずれていることがある。$\frac{8}{7}$ だけ，$\frac{7}{6}$ だけをそれぞれ5回乗じると，$\left(\frac{8}{7}\right)^5 \fallingdotseq 1.949$, $\left(\frac{7}{6}\right)^5 \fallingdotseq 2.161$ である。これらがガムランのオクターブであるとする説もある。ちなみに，$\frac{8}{7}$ と $\frac{7}{6}$ の2つを適当に混ぜれば，もっと2に近い周波数比になる。

周波数比 $\frac{7}{4}=1.75$ の音は管楽器・弦楽器で比較的出しやすく，歴史的にも親しまれてきた。ミニマル・ミュージックの元祖の一人，ラ・モンテ・ヤング（La Monte Young, 1935-）は素数（リミット）2，3，7から12音の音律をつくることを提唱している。彼は独自の哲学で，あえて素数5を除外した。

♪ さらに11リミットの純正律へ

図8-8 (b) には，11倍波から生じる周波数比 $\frac{11}{4}$, $\frac{11}{8}$ の谷も見られる。ラ・モンテ・ヤング以前にハリー・パーチ（Harry Partch, 1901-1974）はリミットを11まで拡大した純正律をつくった。詳しい計算は省略するが，3，

5，7，11を組み合わせるとオクターブに29の音が現れる。しかしこれら29の音を音階として並べるだけでは，音と音の間隔が不ぞろいになる。そこでパーチは新たな音を加えて43音階としている。この音階はパーチがしゃべる声を反映しているそうである。

図8-8（b）からわかるように，7リミット以上の純正律の響きを認識するためには，高調波を豊富に含んだ楽音を出す楽器が必要である。**図8-9**（a）には，パーチの理論に従って製作された楽器diamond marimbaを，（b）には各音板の音が持つ周波数比の割り付けを示した。

日本ではシジジーズ（SYZYGYS）というグループがハリー・パーチの11リミット純正律にもとづくオルガンを自作して演奏活動に使用し，CDも制作している。オルガン本体はYAMAHA製の61鍵電動式リードオルガンで，チューニングは鍵盤の下に並んでいるリードをカッターナイフでけずって行うとのことである。

もっともシジジーズのキーボード奏者・冷水(しみず)ひとみは，純正律一辺倒ではないようだ。彼女は「純正律というとなにか日本人の潔癖嗜好を刺激するようで，スゴイことのように思われがちだが，純正の協和の物理的な音響パワーの凄さ以外はあまりいいことはない，というか，実際はあつかいにくく，不自由なもの」とし，さらに，このグループのオリジナルではむしろ「わざわざ作ったうんと不協和な和音，その中で特に気に入った響のもの，そして特定の曲用にみつけたわたしだけの不協和音，シジジー和音」を愛用していると言っている[*2]。

第 8 章 | 音律と音階の冒険

(a)

(b)
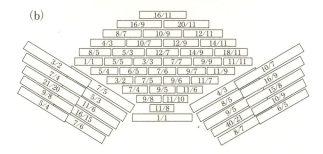

図 8-9 | ハリー・パーチが製作した楽器 diamond marimba

(a) 楽器の全体像（HorsePunchkid / Wikimedia Commons より）。(b) 音板配置（Partch, 1974 [18] にもとづく）。

　さきに，ガムランの音階には素数 7 が導入されているという説を紹介した。ルー・ハリソン（Lou Harrison, 1917-2003）は耳を澄ましてガムランから純正律を拾い出

---

*2　シジジーズのオフィシャルサイトより（http://www.syzygys.jp/43_tone_organ.html）．

し，単純な整数からなる周波数比でスレンドロとペログ音階を構成する方法を10通り以上書き残している。さらに彼は，1970年代以降にガムランと西洋楽器のための作品を多数発表した。

ルー・ハリソンの活動は多岐にわたり，ガムランの研究は彼の業績のほんの一部に過ぎない。例えば，ジャズピアニスト，キース・ジャレット（Keith Jarrett, 1945-）の委嘱で，キルンベルガー音律によるピアノ協奏曲を作曲しており，この曲はキースと新日本フィルの共演がCD化されている。

♪ 臨機応変に調整して純正律を実現！

弦楽合奏やアカペラでは，3度や5度が楽曲に出てくると，臨機応変にうなりをなくすように奏（唱）者が音高を調整している。同じことが計算機で実現できないだろうか？

ハーモード・チューニング（Hermode Tuning）がその答えである。チューニングすなわち調律とはいうものの，ハーモードの実態はプログラムである。このプログラムを搭載した電子楽器は，演奏中のコードの周波数比をその都度純正律に最適化する。短7度を $\frac{7}{4} = 1.75$（平均律では 1.781…）とすることもできる。ベースになる音律は，もちろん平均律でよい。

計算は演奏に実時間で追従できる。むしろ問題は，どのように音高を決めるかである。CEGという和音では，単

に平均律から純正律に変えるのであれば，Cはそのままにして，Eに-14セント，Gに+2セントの調整を加えるのが1つの方法である．しかしハーモードでは，基本的には和音の重心がもともとの調律と一致するように構成音を上下させる．重心を移動させないためには，上の例ではCには+4セント，Eには-10セント，Gには+6セントの調整を加えることになる．ただし，楽曲の履歴すなわちコード進行に応じて，平均値を上下させる．

プログラムはアップルのLogic Pro，スタインバーグのCubase，ケークウォークのz3ta+などのために製品化されている．ハーモード・チューニングのホームページ[*3]には製品情報や理論とともに，演奏例も多数収録されている．スタインウェイの音色の純正律も面白いが，やはりオルガンのように音が伸びる楽器の方が違いがわかりやすい．ヒトの耳はオルガンには敏感なので，バロック・オルガン用には特別なオプションが設けられているという．

著者の周囲にはこれを使用しておられる方は見当たらない．電子楽器というだけで，クラシックの方にはそっぽを向かれるのかもしれない．

---

*3　http://www.hermode.com/index_en.html

8.4 12音ではない平均律

3.7節で53音平均律を紹介した。その目的は，53という多数の音から適当な音を拾い出して，移調・転調に耐える近似純正律をつくることであった。ここでは立場を変え，もっと少数の音を用いた平均律で，従来にない音楽を追求する試みを紹介する。

♪ 12～24音平均律の試み

民族音楽に関連して6.5節で微分音階を紹介したが，西洋音楽ではむしろ24音平均律が微分音階と同意語に使われている。有名な作曲家では，チャールズ・アイヴズ（Charles Ives, 1874-1954）に『4分音ずらした調律の2台のピアノによる小品』などがあり，CDも出ている。4分音とは半音の半音で，彼は4分音ずらして調律した2台のピアノで24音平均律を実現した。近年は音楽会でも，2台のピアノを使わず計算機音楽でごまかす（？）ことが多々あるようだ。24音平均律の作曲家は他にも多数いる。

12音でも24音でもない平均律で気になるのは，主音に対する各構成音の響きのよさ，協和度（あるいは不協和度）である。126ページ図4-7では純正律不協和曲線を12音平均律構成音の周波数比と重ねて示した。この図では，破線の位置と曲線の谷とはまあまあ一致していた。そして，同じ目で13音平均律から23音平均律までを調べると，この点で12音平均律に勝るものはないことがわかる。

♪ 16音平均律と17音平均律

　以下では，著者が関わった，16音平均律と17音平均律を紹介する。**図8-10**は，図4-7のグリッドの間隔を12音から（a）16音，（b）17音の平均律に変えたものである。

　周波数比 $\frac{4}{3}$ と $\frac{3}{2}$，Cを主音としたときのFとGは5度円で隣り合う重要な音である。テトラコルド構造が示すように，ほとんどの民族音楽の音律もこの2音はおさえてい

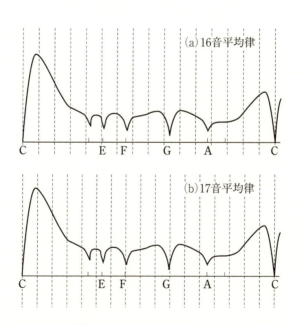

図8-10 ｜ 純正律不協和曲線における協和音程と，（a）16音・（b）17音平均律の構成音程との比較

る。そこで，12音平均律程度に曲線の谷と破線が一致すること，という要求をゆるめ，FとGの2つの谷間が平均律構成音の高さと一致すればいい，としたらどうであろう。こうした目で見ると図8-10（b）の17音平均律が及第だ。というわけで，17音平均律のために作曲・演奏・録音した作品が，CD化されている[*4]。

17音平均律から適当に音を間引くと，12音平均律のドレミ…と近いものができる。とは言え，異なる音階であるから，17音平均律で既存の楽曲を弾くと違和感があるはずだ。しかし，実際は違和感を覚えない人も意外に多い。この音律を狂った12音平均律，あるいは狂ったピタゴラス音律と受け取る方もいた。17音平均律による楽曲は，既存の音律のためにつくった楽曲の亜流に落ちる危険をはらんでいるようでもあった。

もう1つ音を減らした16音平均律はどうだろう。図8-10（a）を見ると，構成音のほとんどが主音と不協和で，箸にも棒にもかかりそうにない。しかし12音平均律から1つおきに音を拾ったドビュッシーの全音音階（6音平均律）でも，やはりその構成音のほとんどが主音と不協和である。ドビュッシー以降は，不協和だからといって音楽にならないことはない……というわけで，脚注4に示したCDには16音平均律音楽も収録されている。

不協和曲線は，楽音が豊富な整数倍波を含むという前提

---

*4 DESAFINADOS（小方厚，熊谷直樹，松元法恵），杉山正治『とんでふ!?』Do-To-Ro-Re Music（2004）.

から算出された。このことは，16音平均律による楽曲でも整数倍波が少ない楽器を使えば不協和感は和らぐことを暗示している。上記CDは計算機による人工的な音源（MIDI音源）を用いたのだが，民族楽器，たとえばパンフルート，カリンバ，ハーモニカなどの整数倍音がない模擬音源を使用した曲の評判がよかった。また，西洋音楽で用いられる楽器の中では，ビブラフォン，フルートなどがスペクトル中に整数倍波成分が少ない。これらの模擬音源を使用した曲も評判がよかった。

ロック・ギタリストのスティーヴ・ヴァイ（Steve Vai, 1960-）が，1993年のアルバム『Sex & Religion』で16音平均律を用いている。『Down Deep Into The Pain』という曲の一部で，出産の苦しみを表す場面に用いているのだ。当時の雑誌インタビューによれば[*5]，彼はこのために専用のギターをつくり，コードも工夫するなどして，アルバム完成まで8年を費やしたとのことである。

16音・17音平均律の音楽を聞いた人の約2割は，重音のつくるうなりを不快と感じた。この不快感は，聞くだけが趣味のクラシック音楽ファンに最も強く，ロックファン，ロック演奏家はまったく問題にしないようであった。

---

*5 『Guitar World』1993年9月号.

8.5 純正律のように響く平均律

♪ 楽音のスペクトルをいじれば……

復習すると，120ページ図4-5のような楽音の周波数スペクトル，すなわち整数倍波を規則正しく含むスペクトルを仮定し計算した結果，図4-7の重音の不協和曲線を得た。それなら，たとえば16音平均律を使いたければ，逆に16音平均律向きのスペクトルを持つ楽器をつくればよいではないか。もっと一般的には，nを任意の整数として，n音平均律でその構成音の周波数において，不協和曲線に谷を持つような周波数スペクトルができないだろうか。そしてそのようなスペクトルを持つ楽器でn音平均律音楽を演奏すれば，うなりは起きないはずである。

これにはすでにお手本がある。ガムランのボナンは図6-14（b）の不協和曲線を持ち，$n=5$ の5音平均律で演奏するのに適しているとされている。

具体的に，一般のn音平均律に対して，その各構成音の周波数で不協和度が小さい曲線を得るための周波数スペクトルをいかに求めるか？ 図4-5から図4-7を得たのとは逆方向の問題である。この問題を解析的に解く公式はなく，計算機上でいろいろ試行錯誤を繰り返して，解にたどり着くという方法をとらざるを得ない。

この問題に最初に挑戦したのはジョン・ピアース（John R. Pierce, 1910-2002, 文献［6］の著者）で，8音平均律を対象とした。彼は $r=2^{\frac{1}{8}}$ とおいたとき，周波数比

$$1, r^{10}, r^{12}, r^{16}, r^{22}, r^{24}$$

の位置にピークを持つスペクトルを仮定した。**図8-11**(a)にこのスペクトルを示す。この楽音の持つ不協和曲線

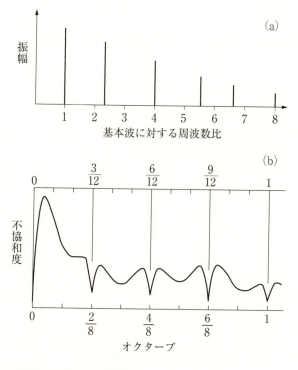

| 図8-11 | ピアースの8音平均律

(a) 仮定した楽音のスペクトル。横軸は基本波に対する周波数比。(b) 不協和曲線。

は図8-11（b）のようになる。

この8音平均律では、とくに主音と偶数番目の音の響きがよい。このスペクトルを持つ楽音を、ふつうの12音平均律に対応させてみよう。すると、図8-11（b）の上側に振った目盛りを見ていただくとわかるように、3つおきに重ねた音だけが協和する。つまり、ディミニッシュだけが協和するという、既存の概念では信じられないことが起きる。

ピアース作曲の『Eight-Tone Canon』という曲がデッカからレコードとして発売されたことがあったが、現在は絶版である。

このように、任意の数の平均律で心地よい重音を得るために必要なスペクトルを試行錯誤で求めることは、計算機が最も得意とするところであり、ウィリアム・セサレス（William A. Sethares, 1955-）によりプログラムが開発されている[2]。このようなスペクトルを持つ楽音を計算機で合成することも可能である。しかし、いまのところこの合成は「計算機でなければ不可能である」と言い換えたほうが正確である。

8.6 オクターブからの解放

♪ オクターブを区切りとしない音律

いま名前が出たセサレスは、オクターブを区切りとしな

い音律を試みている。図4-7の不協和曲線では主音に対する周波数比が2の音，すなわち1オクターブ違う音の主音との不協和度はゼロであるから，1オクターブ違う2音は完全に協和する。しかしその前提となるのは，図4-5にあるように，楽音が整数倍音を持つことであった。逆にすでに述べたように，2次元円盤楽器ポリゴノーラや，3次元楽器であるガムランのボナンでは，周波数比1と2を持つ2音は協和しなかった。

　セサレスは問題を単純にするために，ある音源が主音の他に，もう1つの周波数成分しか持たないと仮定して，この「もう1つの周波数」をさまざまに変えて，図4-7にならって不協和曲線を計算した。その結果を**図8-12**に示す。図8-12 (a) のように，もう1つの周波数f_1がもとの周波数f_0と同じ，すなわち$f_1=f_0$のときは，不協和曲線はもちろん単音の場合と同じである。第2の周波数f_1が主音の周波数に近いとき，図8-12 (b) の例では$f_1=1.15f_0$のときは，もとの曲線の山の部分に第2の成分の周波数が重なり，山の一部がへこむ結果となる。

　第2の成分の周波数が主音の周波数からある程度離れているとき，図では周波数が主音の1.86倍（すなわち$f_1=1.86f_0$）のときは，第2の山ができ，そのうしろに谷ができる。この谷の位置は第2の周波数の位置である。セサレスは，この谷の位置をオクターブに代えて，音律の区切りとすることを主張する。

　図8-12は第2音が1つだけで，それ以外の成分はないという，単純な場合であった。もっとスペクトルが複雑で

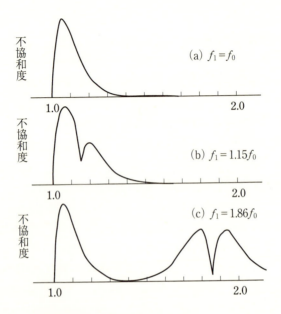

図8-12 音源が主音の他にもう1つの周波数成分しか持たないときの不協和曲線

(a) 主音の周波数f_0ともう1つの成分の周波数f_1が等しい場合。(b) $f_1=1.15f_0$の場合。(c) $f_1=1.86f_0$の場合。

も,最も周波数が低い高調波が,主音からある程度離れてさえいれば,そこが音階あるいは音律の区切りとなる。

すでに述べたように,セサレスはn音純正平均律のための楽音スペクトルを計算するプログラムをつくった。彼は類似の手法により,オクターブではなく,任意の周波数比を区切りとする音律を仮定し,音律の構成音が区切り位置

で不協和曲線が極小値を取るために,楽器が持つべきスペクトルを計算した。計算機上でこのようなスペクトルを持つ楽器で,オクターブとは異なる区切りを持つ音律を用い,楽曲をつくっている[*6]。

オクターブを区切りとしない音律による楽曲は,たしかに異常な周波数対からなる和音でも音色にうなりがなく響きがいい。逆に,この非オクターブ音律のための楽音で12音平均律の曲を演奏するとうなりがはなはだしく,不快である。ただし,オクターブを区切りとしない旋律そのものは,著者にはやはり奇妙なものに感じられた。

♪ 閉管楽器の不協和曲線と閉管楽器のための音律

ところで,第2の周波数f_1が主音の周波数f_0からかなり離れた楽音を持つ楽器の例は,本書でもすでに顔を出している。200ページ図7-8(b)の閉管のスペクトルでは$f_1 = 3f_0$である。そしてそのスペクトルはすでにパンフルートとして実体化している。

図8-13(b)は図7-9(b)を単純にした,基本波・3倍波・5倍波・7倍波だけを持つ楽音の不協和曲線である。計算においては基本波の振幅を1とし,3・5・7倍波の振幅はそれぞれ0.81,0.72,0.63とした。比較のために図8-13(a)に,図4-8同様,基本波の他に2・3・4・5・6倍波を持つ楽音の不協和曲線を示した。それぞれの周波数スペクトルも模式的に示してある。横軸の周波数比の範

[*6] 文献[2]の付録CDに収録.

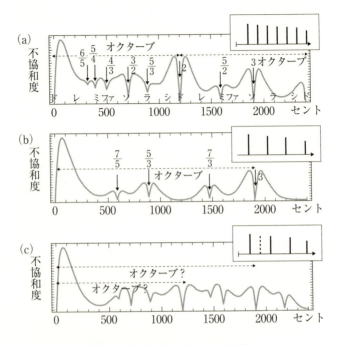

図8-13｜弦・開管の不協和曲線と閉管の不協和曲線

いずれの図も，横軸はセント（対数目盛り）。矢印の根元の分数は，谷における主音に対する周波数比。小窓で示したのは楽音のスペクトル。(a) 弦・開管の楽音，すなわち基本波の他に2・3・4・5・6倍波を持つ楽音の不協和曲線。(b) 閉管の楽音，すなわち基本波の他に3・5・7倍波だけを持つ楽音の不協和曲線。(c) 閉管のスペクトルに2倍波（小窓では破線）を加えたときの不協和曲線。

囲は主音の4倍，すなわち2オクターブまでである。

横軸はセントを目盛りとする対数軸であるが，主音との周波数比に換算すると図 (b) は，$\frac{7}{5}$，$\frac{5}{3}$，$\frac{7}{3}$ に急峻な谷を持ち，周波数比3（1901セント）で一区切りとなる

$\left(\dfrac{7}{5},\ \dfrac{7}{3}\right.$ の谷は図 (a) の開管のグラフには現れない$\left.\right)$。周波数比2のところにもゆるやかな谷があるが,これは両側に $\dfrac{5}{3}$ と $\dfrac{7}{3}$ がつくる高い山があるためである。

なお別な問題が予想される。79ページ図3-5では倍数波の公差を周波数に持つ音が錯覚として聞こえた。閉管の場合は奇数倍波のつくる数列の公差は基本波の2倍である。それゆえ,閉管の音を聞いたとき,われわれは2倍波を錯聴する可能性がある。実際に閉管スペクトルの音を聞くと,2倍波が聞こえるようでもあり,聞こえないようでもある。オクターブ等価性のために判断できないのだ。

そこで2倍波を計算に入れると,閉管の不協和曲線は図8-13 (c) のようになる。図 (b) の谷に加え,周波数比 $\dfrac{3}{2}$, 2, $\dfrac{5}{2}$ のところにも谷が現れる。右端の谷(2168セント)は他の2つの曲線にはないが,周波数比 $\dfrac{7}{2}$ にあたる。この不協和曲線を持つ楽器ならば,既存のドレミ…を使う楽曲も演奏できそうである。

ポリゴノーラの例にならって,図 (b) あるいは (c) の曲線に極小値を与えるセント値を中心に,閉管スペクトルのために最適化した音階で作曲したり演奏したりしたら楽しそうだ[*7]。パンフルートはDIYでつくることができ,

---

[*7] 3倍音区間を13分割する平均律が提案されている. M. V. Mathews, et al., *The Journal of the Acoustical Society of America* **84**, 1214-1222 (1988).

計算機合成音との共演も可能である。

　音律が協和性だけで受け入れられるのであれば，12音でなくても，オクターブが区切りでなくても，協和しさえすればいいはずだ。しかし，われわれの耳は管楽器・弦楽器の音色に豊富に含まれる整数倍波に慣らされている。ヒトの声も管楽器の一種である。ある意味では，われわれの耳はスポイルされているかもしれない。

　非12音平均律や非オクターブ音律を裏付ける周波数スペクトルは人工的なものである。新しい試みが単なる物理学あるいは心理物理学の実験に終わるのか，音楽として意味を持つのか，興味深いところである。

8.7　音律と音階の将来

　最後に，音律の将来について考えてみたい。現在を否定することから未来が始まる，というのは過ぎ去った昔の学生運動のスローガンめくが，この本の1.1節のタイトル「音楽はデジタルだ」の否定から始めよう。

♪ アナログの音律と音階
「音楽はデジタルだ」とは，音楽が使う音の高さが，ドレミ…と不連続にデジタル化されていることを意味していた。では，デジタルでない音楽とはどんなものだろうか。

　デジタルの反対語はアナログで，すでに述べたように数

第8章 | 音律と音階の冒険

多くのアナログ楽器がある。しかしその中で，テルミンの立つ位置は変わっている。音高を変えるときに，連続的にずり上げ（下げ）せざるを得ない（グリッサンドせざるを得ない）のだ。211ページ図7-17は音階の演奏のソノグラムだが，階段状に不連続にはならず，各高調波はすべて連続した曲線である。

オーストラリア生まれの作曲家パーシー・グレインジャー（Percy Grainger, 1882-1961）は1930年代に，早くもこのテルミンのための作曲を試みている。**図8-14**は彼の4

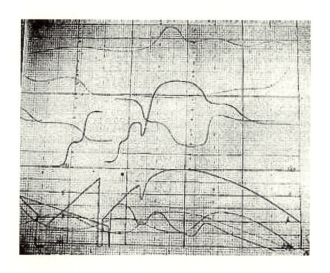

| **図8-14** | パーシー・グレインジャー『Free Music No.1』の楽譜の一部

http://brebru.com/musicroom/musicians/grainger/freemusic.html

台のテルミンのための作品『Free Music No.1』の楽譜である。ソノグラム同様に，縦軸に音高，横軸に時間をとったグラフで示され，ほとんどが曲線である。曲そのものは風のうなりのようでもあり，クジラのコーラスのようにも聞こえた。

現在も，テルミンのための作曲は行われている。いまのところ，その作曲家は多いとは言えないが，やることはたくさんありそうだ。なにしろ，アナログ音律・音階となると，この本の記述はご破算になりかねないのだから……。

♪ 12音音律と7音階という制約を外せば……

この本では，西洋音楽の特徴は

(1) ハーモニーを重視する，
(2) 管楽器と弦楽器を使う，

の2点であるとした。そして管楽器・弦楽器を使ってハーモニーをつくると，現在の12音からなる音律と7音からなる音階に到達することを述べた。

この12音音律と7音階という制約の中では，可能なことはすでにし尽くされている感がある。しかし，モード・ジャズのように，歴史的に忘れられた手法に再び脚光を当てることは，今後もありそうだ。12音音律という制約はそのままで，7音階という制約を外す試みの中には，すでに述べたように，ある程度成功したものもある。今後もこの試みは続くだろう。

12音という制約を外し，より多数の音を使うとすれば，微分音程を使用する微分音律ということになる。たとえば，『2001年宇宙の旅』などの映画音楽で知られるハンガリー出身の作曲家ジェルジ・リゲティ（György Ligeti, 1923-2006）にも，微分音律の作品がある。もっとも，微分音律はある地域の民族音楽では日常的であり，リゲティの作品にも彼が幼時から耳にしていたロマ音楽（すなわち民族音楽）との関連が指摘されている。実験音楽・前衛音楽と民族音楽との関連は意外に深い[28]。

　また本書では，ハリー・パーチの43音音階を純正律として紹介した。しかし，この音階を用いた楽曲を聞くと，純正律というよりも微分音律の曲という印象が強い。ある種の浮遊感を感じさせるのが特徴である。この浮遊感を楽しむか，不快と感じるかが微分音律に対する評価の分岐点であろう。絶対音感の持ち主には，微分音律の楽曲を聞くと頭痛・嘔吐を催す例もあるという。

♪ 打楽器による旋律

　西洋音楽の主役は管楽器と弦楽器であった。主役とは言いがたいが，打楽器にも音高を持つものがある。マリンバ，ビブラフォンなどの鍵盤打楽器では，厚みのある長方形（直方体）の板を並べ，1枚に1音を割り当てて楽器を構成している。直方体の振動スペクトルには，120ページ図4-5に示したような整数倍波はない。あの手この手で管楽器・弦楽器と共演できる程度にまでスペクトルを改変した結果が現在のマリンバ，ビブラフォンである[*8]。

さて，西洋音楽とは異なり，ガムランでは打楽器が主役となって，リズムだけでなくメロディもハーモニーも担当する。ボナン，クノン，その他のどら属や木琴・鉄琴属の楽器は，どれも素材やその形状が持つ本来の音色が生かされている。ガムランの音律・音階は西洋音楽とは異なる。

　186ページ図6-14で示したように，ガムランの音階には不協和曲線で説明できる一面がある。7.3節の2次元旋律打楽器ポリゴノーラはガムラン音階が持つこの一面を参考に開発されたものである。

　しかし，うなりを積極的に楽しむなど，ガムランには不協和曲線では説明できない一面もある。ガムランのコテカンという技法では，2人ないし2組で1つの旋律とリズムを演奏する。このとき，2つないし2組の旋律打楽器は「美しく」うなるように調律される。このように，うなりを音楽に取り入れることは，今後の西洋音楽（および，西洋音楽化した日本の音楽）の課題になりうるであろう。

♪ タフマインド度

　この節のタイトルを「音律と音階の将来」としたが，音律と音階になんらかの転機が訪れる余地があるのだろうか。まず音楽の現状はどうだろう。

　岡田暁生（音楽学者，1960-）は著書『西洋音楽史』[26]で，20世紀の芸術音楽の王道は「巨匠によるクラシック・

＊8　小方厚　『音律と音階の科学』　講談社ブルーバックス（2007）. 旧版のマリンバとビブラフォンについての記述は，新装版では削除した．

レパートリーの演奏」と切り捨てている。今日のクラシックの世界は、バッハ以降第二次大戦以前に作曲されたものを演奏して、どの演奏がよい・悪いと比較しているに過ぎないというのだ。ジャズにしたところで、バップ時代の曲あるいはその亜流を、異なるグループが繰り返し演奏している点ではクラシックと大差がない。

　音律・音階だけでなく、音楽そのものの将来を左右するのは職業音楽家ではなく一般の音楽愛好家である。したがって、音楽愛好家が岡田の言う状況を居心地がよいと感じるか、生ぬるいと不満に感じるかが問題の分かれ目だ。たしかにベートーベンやドビュッシーなどは音楽に転機をもたらしたが、それは当時の音楽愛好家の支持があってのことだし、その支持の気運は当時の社会情勢がもたらしたものであろう。

　音律・音階に限らず、新しい音楽を受け入れるには、聞く側にも冒険心が必要である。心理学者アイゼンク（Hans J. Eysenck, 1916-1997）が定義したタフマインド度は、この冒険心を持つ素養と関連が深い。タフマインド度が高い人は若い男性に多く、不協和音を好み、ロックやジャズを好む傾向があるとされる。好奇心が強く「清濁併せ呑む」太っ腹の持ち主である。演奏の技量や絶対音感の有無には無関心である。

「先読み」という言葉がある。音楽を聞いていて、その先の展開が予想できれば、先読みができることになる。クラシックでは、ほとんどの音が前もって決まっていて、楽譜通り粛々と展開する。ジャズも、コード進行の知識があれ

ば，だいたい展開が予想できる。新奇な「先読み」ができない音楽を聞くのは冒険で，エネルギーを要する。そして，高いタフマインド度の持ち主は，先読みが裏切られるスリルを楽しむ傾向がある。

　現在，とくに日本では現状打破のための活力が低下気味で，社会全体としてのタフマインド度が小さくなっている。社会あるいは音楽愛好家は別に新しい音楽を必要と思っていないように見えるし，職業音楽家の側にも積極的に音楽を改革しようという意欲が小さい。しかし，この社会的なタフマインド度も他の一般的な現象と同様，時間的に振動するものであろう。タフマインド度が小さい時代の次には大きな時代がやってくるはずだ。著者としては，音律・音階のみならず，音楽上に思いもよらない改革が起こることを期待し，そのときはタフマインドを持って受け入れたいと思う。

付録

♪ 音の高さの名付け方

音の高さにどう名前を付けるかをまとめておく。

図H-1はハ長調のドレミファソラシドである。いちばん低い音に「ド」，そこから高い方向へ「レ」「ミ」…と，音の「高さ」に対して名前がついている。最後は「ド」だが，このドは最初のドに比べて1オクターブ上の音であり，周波数は2倍である。

図の2段目にあるように，ドレミ…のかわりにCDE…も使う。さらにハ長調のドのことを「ハ」，ハ長調のレのことを「ニ」などというように，ハニホ…という名付け方もある。さらに「いち，に，さん…」という名付け方もあるのだが，こちらはローマ数字Ⅰ，Ⅱ，Ⅲ，…を使うのが慣例である。名付け方がたくさんあるが，ABC…を日本でイロハ…と翻訳したと考えれば，2段目と3段目は対

ド	レ	ミ	ファ	ソ	ラ	シ	ド	階名または音名
C	D	E	F	G	A	B	C	音名
ハ	ニ	ホ	ヘ	ト	イ	ロ	ハ	音名
Ⅰ	Ⅱ	Ⅲ	Ⅳ	Ⅴ	Ⅵ	Ⅶ	Ⅰ	階名

図H-1 音名と階名

応する。

　図H-2はヘ長調の音階である。まず3段目と4段目を見ると、音の「高さ」の呼び方は図H-1と同じである。すなわち、五線譜のいちばん下の線が表す高さの音は、何長調であれ何短調であれ「E」あるいは「ホ」と名付けられる。同様に五線譜のいちばん下の線と下から2番目の線の間が表す高さの音は、何長調であれ何短調であれ「F」あるいは「ヘ」となる。ただし、Bには♭がつき、ロは「変ロ」に変わっている。この音はハ長調の場合より半音下げるからである。

　ハニホ…流では♯、♭に対応して「嬰(えい)」「変(へん)」を用いる。例えばB♭を主音とする長調は「変ロ長調」である。

　さて、F音を数字で言えば「IV」のはずだが、図H-2では「I」である。音階の主音が「F」あるいは「ヘ」音となったためである。曲の主音を変えて、曲全体の音の高さを平行移動することを「移調」と言う。また曲の途中で主音を変える場合は、「転調」と言う。ヘ長調のときはその主音F（ヘ音）をIとする。そしてI, II, III, …の数字

ド	レ	ミ	ファ	ソ	ラ	シ	ド	移動ド式
ファ	ソ	ラ	シ♭	ド	レ	ミ	ファ	固定ド式
F	G	A	B♭	C	D	E	F	音名
ヘ	ト	イ	変ロ	ハ	ニ	ホ	ヘ	音名
I	II	III	IV	V	VI	VII	VIII	階名

| **図H-2** | 音名と階名，ヘ長調の場合

は主音から何番目の音かを表す。こうした目で図H-1をもう一度眺めると，ハ長調，英語流に言うと「キーがC」のときはC（ハ音）をIとし，I，II，III，…の数字によって主音から何番目の音かを表していたことになる。

楽譜には5本の線がある。五線譜の第2間（下から2番目の線と3番目の線の間）が表す音Aの周波数は国際基準で440Hzである。音をCDE…あるいはハニホ…で指定すれば，音の周波数（Hz）と決めたことになる。言い換えると，CDE…とハニホ…は**音名**すなわち絶対的な音の高さにつけられた名前である。ちなみに絶対音感とは，聞いた音の絶対的な高さがわかる能力である。絶対音感の持ち主は，音を聞いたときにその音名を言い当てることができる。

一方，I，II，III，…は長音階の中で，その音が主音から数えて何番目かを表す。したがってI，II，III，…は絶対的ではなく，相対的な音の高さを表している。I，II，III，…を**階名**と言う。転調・移調すればその先の主音がIになる。

さて，始末に悪いのが「ドレミ…」であって，日本にはこれを音名として使う「固定ド派」と階名として使う「移動ド派」がある。図H-2では1段目が移動ド派，2段目が固定ド派の呼び方である。移動ド派だと，「ヘ長調のドはヘの音」などと説明できるのだが，固定ド派相手ではそうはいかない。著者の友人には固定ド式で教育された絶対音感の持ち主がいて，『ドレミの歌』を聴くたびに，「これはソラシの歌だ」とか「ファソラの歌だ」とかつぶやいてい

る。とにかくドレミ…はまぎらわしいので，この本では副次的な使用にとどめた。

　Cという音はその周波数が2倍になると「1オクターブ上の」Cになる。Cから何オクターブ上がっても，やはりCである。また，Cという音の半分の周波数を持つ音は，1オクターブ下のCである。このように，Cという音は無限に存在する。**図H-3**は88鍵の鍵盤からC音だけを拾い出し，楽譜上の位置と平均律における周波数を示したものである。高音側の楽譜に「8va」，「15ma」と書いてあるときは，表記よりそれぞれ8音すなわち1オクターブ，あるいは15音すなわち2オクターブ高い，あるいは低い音であることを示す。

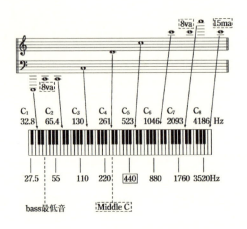

| 図H-3 | 88鍵の鍵盤と音名，楽譜，周波数の対応

261HzのCを中央CあるいはミドルC（Middle C）と言う。ミドルCに対して，523HzのCをハイC（High C），130HzのCをロウC（Low C）という。ハイCを表記する際，ドットを用いてĊとすることもあり，この本でもときどき用いた。国際的には，A音の周波数440Hzを基準としており，これから計算すると，ミドルCの周波数は厳密には261.626Hzである。

近年普及している米国標準方式は，CDE…という音名にたとえば$C_1 D_1 E_1$…，$C_2 D_2 E_2$…のように，番号を併記して高さを区別する。図H-3にはC音だけ取り出して，番号とともに示した。「C_1より低いCはどうするの？」と心配なさるかもしれないが，これより低いC音は聞こえない人もいるので，ほとんど使われない。

まだややこしいことがある。クラシックの世界では，ドイツ語がはばをきかせている。CDEFGABの最後のBの代わりに，ドイツ語ではHを用いる。ドイツ語で発音すると，Cが「ツェー」，Eが「エー」などとなる。英語とドイツ語が入り乱れるとEとAが混乱する。

♪ 音程の単位「セント」

楽典では音程の表現に，長3度・完全5度などを用いる。しかし，全音・半音よりも細かい単位で音律・音階・音程などを科学として扱うためには「セント」という単位を用いることが多い。セントは周波数を対数変換したもので，平均律における半音は100セント，全音は200セント，1オクターブは1200セントとなる。

たとえば，純正律では完全5度をなす2音の周波数比は $\frac{3}{2}$ である。これをセントに換算してみよう。$\frac{3}{2}$ の常用対数を取ると

$$\log \frac{3}{2} \fallingdotseq 0.1761$$

である。この値の $\log 2 \fallingdotseq 0.3010$ に対する割合は

$$\frac{0.1761}{0.3010} \fallingdotseq 0.5850$$

である。オクターブを示す$\log 2$が1200セントだから，完全5度は $0.5850 \times 1200 = 702$ セントとなる。平均律では完全5度は700セントである。

まとめると，周波数比Rとセントcを相互に換算する公式は

$$c = \frac{1200 \log R}{\log 2},$$
$$R = 2^{\frac{c}{1200}},$$

である。

♪ 5度円の分割角度

ピタゴラス音律で，オクターブを円周，完全5度を円弧に対応させたときの，円弧の張る角度を求めよう。

3と2の常用対数はそれぞれ $\log 3 \fallingdotseq 0.4771$, $\log 2 \fallingdotseq 0.3010$ であるから

$$\frac{\log 3}{\log 2} \fallingdotseq 1.5850$$

である。

log2を円周角360度に対応させれば，log3に対応する角度は

$$360 度 \times 1.5850 \fallingdotseq 570.587 度$$

となる。しかし角度は360度を周期としているから，この値から360度を差し引いて

$$570.587 度 - 360 度 = 210.587 度$$

を得る。とりあえず端数の0.587度を無視すれば，log3に対応する角度は210度である。時計の文字盤の0，1，2，…，11の文字間隔は角度では30度間隔であるから，$\frac{210 度}{30 度} = 7$ となり，log3は7時の位置となる。

ちなみに，先ほど無視した端数0.587度の12倍，7.044度がピタゴラスのコンマに対応する角度となる。

♪ ソノグラム

楽譜とは，横軸に時刻・縦軸に音の高さをとったグラフである。ただし縦方向も横方向も音楽の約束でデジタル化

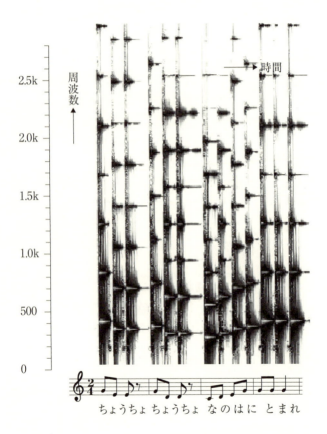

図**H**-4 ピアノのシングルトーンで『ちょうちょう』を弾いたときのソノグラムと，対応する楽譜

されている。音の高さは周波数だから，横軸を時間とし，縦方向に各時刻に楽器から出る音の周波数スペクトルを並べれば，楽譜のようなものができる。これがソノグラムである。

ピアノで『ちょうちょう』のメロディを弾いてソノグラム化した結果が**図H-4**である。縦方向に何本も線が並んでいるが，例えば一番下の線を横方向すなわち時間に沿って見ていくと，『ちょうちょう』のメロディ通りに上下しているのがわかる。音の伸ばし方は時間として記録されるので，ソノグラムはまさに楽譜である。ピアノの鍵を押したときに生じるエンベロープが正確に記録されていて，音の大きさも記録される。縦方向に等間隔に何本も線が並んでいるのは，基本波以外に，その2倍，3倍，4倍，…の整数倍波が記録されるためである。

参考文献

[1] H. Helmholtz, A. J. Ellis Trans., *On the Sensations of Tone*. Dover (1954).
H. Helmholtz, *Die Lehre von den Tonempfindungen*. Braunschweig (1863) の英訳版。日本語では，原著第 5 版の訳が読める（ヘルマン・フォン・ヘルムホルツ　辻伸浩訳　『音感覚論』　銀河書籍 (2014))。

[2] W. A. Sethares, *Tuning, Timbre, Spectrum, Scale*, 2nd ed. Springer (2005).

[3] ホアン・G・ローダラー　髙野光司，安藤四一訳　『新版　音楽の科学——音楽の物理学，精神物理学入門』　音楽之友社 (2014).（原著：J. G. Roederer, *The Physics and Psychophysics of Music*. Springer (1995).)

[4] フィリップ・ボール　夏目大訳　『音楽の科学——音楽の何に魅せられるのか？』　河出書房新社 (2011).（原著：P. Ball, *The Music Instinct*. Oxford University Press (2010).)

[5] ジョン・パウエル　小野木明恵訳　『響きの科楽——ベートーベンからビートルズまで』　早川書房 (2011).（原著：J. Powell, *How Music Works*. Little, Brown and Company (2010).)

[6] ジョン・R・ピアース　村上陽一郎訳　『音楽の科学——クラシックからコンピューター音楽まで』　日経サイエンス社 (1989).（原著：J. R. Pierce, *The Science of Musical Sound*. Scientific American Library (1983).)

[7] チャールズ・テイラー　佐竹淳，林大訳　『音の不思議をさぐる——音楽と楽器の科学』　大月書店 (1998).（原著：C. Taylor, *Exploring Music*. CRC Press (1992).)

[8] 東山三樹夫　『音の物理』　コロナ社 (2010).

[9] 岩宮眞一郎編著　『音色の感性学——音色・音質の評価と創造』　コロナ社 (2010).

[10] N. H. Fletcher and T. D. Rossing, *The Physics of Musical Instruments*, 2nd ed. Springer (1998).（邦訳：N. H. フレッチャー，T. D. ロッシング　岸憲史，久保田秀美，吉川茂訳　『楽器の物理学』　シュプリンガー・フェアラーク東京 (2002).)

[11] 小方厚, 高田拓人, 中川響, 山本勇貴 『視て聴くドレミ——フーリエ音楽学への招待』 大阪大学出版会 (2013).

[12] 大塚正元 『楽譜の数学』 早稲田出版 (2003).

[13] G. Loy, *Musimathics*. The MIT Press (2011).

[14] 平島達司 『ゼロ・ビートの再発見』 ショパン (2004). (復刻版. オリジナルは東京音楽社から1983年に刊行された.)

[15] 溝部國光 『正しい音階——音楽音響学』 日本楽譜出版社 (1971).

[16] 藤枝守 『増補 響きの考古学——音律の世界史からの冒険』 平凡社ライブラリー (2007).

[17] 黒沢隆朝 『音階の発生よりみた音楽起源論——黒沢学説』 音楽之友社 (1978).

[18] H. Partch, *Genesis of a Music*, 2nd ed. Da Capo Press (1974).

[19] 東川清一 『音楽理論入門』 ちくま学芸文庫 (2017).

[20] H. Gonnard, *Introduction à la Musique Tonale*. Honoré Champion (2011). (邦訳: アンリ・ゴナール 藤田茂訳 『理論・方法・分析から調性音楽を読む本』 音楽之友社 (2015).)

[21] 谷口高士編著 『音は心の中で音楽になる——音楽心理学への招待』 北大路書房 (2000).

[22] D. J. Levitin, *This is Your Brain on Music*. Dutton Adult (2006). (邦訳: ダニエル・J・レヴィティン 西田美緒子訳 『音楽好きな脳——人はなぜ音楽に夢中になるのか』 白揚社 (2010).)

[23] 小泉文夫 『日本の音——世界のなかの日本音楽』 平凡社ライブラリー (1994).

[24] 小泉文夫 『歌謡曲の構造』 冬樹社 (1984).

[25] 皆川厚一 『ガムランを楽しもう』 音楽之友社 (1998).

[26] 岡田暁生 『西洋音楽史——クラシックの黄昏』 中公新書 (2005).

[27] 金澤正剛 『新版 古楽のすすめ』 音楽之友社 (2010).

[28] 柿沼敏江 『アメリカ実験音楽は民族音楽だった——9人の魂の冒険者たち』 フィルムアート社 (2005).

以上はこの本を書くに際し参考にした書籍. 本書のテーマと比較的関係が薄い文献などは, 随所に本文の脚注として示した.

[1]〜[11]は物理寄り。なかでも[8],[9]は強いて言えば音響学寄り。[1]は音楽の科学の古典。[2]はこの中では先進的。[10]は楽器がテーマ。[11]は本書のテーマに関連するAVファイルをまとめたCDブックである。

[12],[13]は数学寄り。

[14],[15]は音律・音階を正面から扱っている。[16]も音楽史の本のようではあるが,このテーマに詳しい。[17]は不遜な言い方だが,おもしろい。アジア音楽も詳しく扱っている。[18]は著者独自の純正律について詳しく書いてある。

[19]は楽典の解説書という体裁だが,やはり音律・音階に関する記述が充実している。[20]はベートーベン,ショパン,シューマンの楽曲を例にとり論理を展開している。短調について章を設けている。

「音楽心理学」を書名に冠しているのは[21]だが,[2],[3]も部分的に物理学の立場から心理学にアプローチしている。[22]の著者は認知心理学・神経科学を専門とする。

[23]〜[25],[28]は民族音楽について。

[26]は音楽史。[27]は書名通り,古楽に照準を合わせている。

索引

【人名】

アイゼンク ▶ 253
アリストクセノス ▶ 51
イエペス，ナルシソ ▶ 189
ウェーバー，マックス ▶ 95
ヴェーベルン，アントン ▶ 227
岡田暁生 ▶ 252
グレインジャー，パーシー ▶ 249
小泉文夫 ▶ 172, 176
コールマン，オーネット ▶ 226
コルトレーン，ジョン ▶ 62, 218
シェーンベルク，アルノルト ▶ 227
スクリャービン，アレクサンドル ▶ 225
セサレス，ウィリアム ▶ 242, 244
田中正平 ▶ 107
デイヴィス，マイルス ▶ 62
ドビュッシー ▶ 224
パーカー，チャーリー ▶ 153
パーチ，ハリー ▶ 231
バッハ ▶ 102
ハリソン，ルー ▶ 233
ピアース，ジョン ▶ 240
ピタゴラス ▶ 36
プトレマイオス ▶ 83
プラトン ▶ 50
ベートーベン ▶ 223
ベルク，アルバン ▶ 227
ヘルムホルツ ▶ 107, 127
ボサンケ ▶ 106
モーツァルト ▶ 99
森進一 ▶ 212
ヤング，ラ・モンテ ▶ 231
ラモー ▶ 131
ラモス，バルトロメ ▶ 84
リゲティ，ジェルジ ▶ 251

【数字・アルファベット】

2次元打楽器 ▶ 201
2倍波 ▶ 247
3全音 ▶ 220
3倍音 ▶ 81
3リミット ▶ 83, 229
4重音 ▶ 155
5音階のモード ▶ 176
5音平均律 ▶ 184
5度円（5度圏）▶ 56, 152, 153, 188
　　——の分割角度 ▶ 260
5倍音 ▶ 81
5リミット ▶ 83, 142, 229
6音階 ▶ 58
7音階 ▶ 250
7リミット ▶ 229
10弦ギター ▶ 189
11リミット ▶ 229
12音律 ▶ 250
12音技法 ▶ 227
16音平均律 ▶ 237
17音平均律 ▶ 237
24音平均律 ▶ 236
53音ピタゴラス音律 ▶ 105
53音平均律 ▶ 105
missing fundamental ▶ 78

【あ】

悪魔の響き ▶ 223
アコーディオン ▶ 192
アドリブ ▶ 152
アナログ ▶ 14, 210, 248
アルペジオ ▶ 152
イオニアンモード ▶ 60, 147
位相スペクトル ▶ 122
一弦琴 ▶ 25, 37
移調 ▶ 158, 256
移動ド派 ▶ 257
異名異音 ▶ 73
異名同音 ▶ 19, 73
ヴェルクマイスター ▶ 101
ウェル・テンペラメント ▶ 70, 101
うなり ▶ 77, 184, 252
　　——領域 ▶ 116

裏コード ▶ 222
ウルフ ▶ 78, 88, 91, 97
嬰 ▶ 256
エオリアン（モード）▶ 64, 147
エンハーモニック ▶ 19
円盤音律 ▶ 206
エンベロープ ▶ 189
オイラー格子 ▶ 84
オクターブ ▶ 16, 242
　　──等価性 ▶ 28, 129
音階 ▶ 18
音程 ▶ 18, 52
音名 ▶ 257
音律 ▶ 17

【か】

開管 ▶ 199
階名 ▶ 257
下属調 ▶ 159
下属和音 ▶ 144
可聴領域 ▶ 20
カデンツ ▶ 156
下方倍音 ▶ 191
ガムラン ▶ 182, 252
管楽器 ▶ 12
完全 ▶ 54
完全4度 ▶ 54
完全5度 ▶ 54
基本波 ▶ 28
教会旋法 ▶ 60
共鳴（共振）▶ 141
協和 ▶ 40, 112
　　──度 ▶ 111
キルンベルガー ▶ 101
　　──第3法 ▶ 101
クラドニ・パターン ▶ 203
クラリネット ▶ 199
グレゴリオ聖歌 ▶ 61, 82
『黒田節』▶ 175
『ゲゲゲの鬼太郎』▶ 145
減 ▶ 54
減3和音 ▶ 146

減5度 ▶ 220
弦楽器 ▶ 12
鍵盤楽器 ▶ 91
鍵盤打楽器 ▶ 251
『恋のバカンス』▶ 66
高調波 ▶ 29
公比 ▶ 24
コード ▶ 18, 134
　　──進行 ▶ 63, 134, 151
　　──ネーム ▶ 139, 149
　　──の転回 ▶ 131
　　──譜 ▶ 148, 151
固定ド派 ▶ 257
箏 ▶ 26
根音 ▶ 18, 134
コンジャンクト ▶ 171
混成帯域 ▶ 116
コントラバス ▶ 188

【さ】

先読み ▶ 253
錯聴 ▶ 247
雑音 ▶ 207
擦弦楽器 ▶ 194
サビ ▶ 158
サブドミナント ▶ 144
三分損益法 ▶ 42
シジジーズ ▶ 232
自然短音階 ▶ 18, 64, 178
シャープ ▶ 18
『ジャイアント・ステップス』▶ 218
周期 ▶ 30
周波数 ▶ 20
　　──スペクトル ▶ 32, 122
主音 ▶ 18
主要3和音 ▶ 144
主和音 ▶ 144
純音 ▶ 32
純正律 ▶ 70, 80, 103, 228, 240
小全音 ▶ 89
小半音 ▶ 71, 88
『シランクス（パンの笛）』▶ 224

自励振動 ▶ 194
人声 ▶ 212
振動数 ▶ 27
振幅スペクトル ▶ 122
心理 ▶ 110
スティールパン（スティールドラム）▶ 189
スネア・ドラム ▶ 207
スペクトル ▶ 119, 240
スレンドロ（音階）▶ 184, 231
整数倍音 ▶ 30, 140
整数倍波 ▶ 29, 121
聖ヨハネ賛歌 ▶ 57, 58
セガー ▶ 181
全音 ▶ 18
全音音階 ▶ 223
線形目盛り ▶ 44
セント ▶ 52, 259
『セントルイス・ブルース』▶ 179
全半音階 ▶ 225
旋法 ▶ 59
旋律短音階 ▶ 64
増 ▶ 54
属調 ▶ 159
属和音 ▶ 144
そっくりメロディ ▶ 216
ソノグラム ▶ 189, 213, 262

【た】

対数 ▶ 43
――目盛り ▶ 43
大全音 ▶ 89
大半音 ▶ 71, 88
代理コード ▶ 222
タフマインド度 ▶ 253
ダブルベース ▶ 188
短 ▶ 54
短3和音 ▶ 65, 144
――属 ▶ 149
短音階 ▶ 18, 63, 146
短調 ▶ 63
中央C ▶ 259

中全音律 ▶ 98
中立音程 ▶ 181
長 ▶ 54
長3度 ▶ 53, 96
長3和音 ▶ 144
――属 ▶ 149
長音階 ▶ 18, 63, 146, 178
調弦 ▶ 188
調性 ▶ 89, 159
長調 ▶ 63
通奏低音 ▶ 157
ツー・ファイブ ▶ 153
ディスジャンクト ▶ 171
ディミニッシュ ▶ 145, 149, 242
ティンパニ ▶ 208
デジタル ▶ 11, 14
テトラコルド ▶ 165
テルミン ▶ 209, 249
テンション ▶ 150
天台声明・大懺悔 ▶ 212
転調 ▶ 89, 158, 256
度 ▶ 52
等差数列 ▶ 22
同主調（同名調）▶ 159
等比数列 ▶ 23
ドーナツモード ▶ 204
ド旋法 ▶ 61
トナリティ ▶ 225
トニック ▶ 144
ドミナント ▶ 144
ドリアン（モード）▶ 60, 178
ドレミファ・テトラコルド ▶ 171

【は】

ハーモード・チューニング ▶ 234
ハーモニー ▶ 12, 154
ハーモニクス奏法 ▶ 197
ハーモロディクス ▶ 226
ハイC ▶ 259
バイオリン属 ▶ 188
ハイハット ▶ 207
バグパイプ ▶ 62

バス・ドラム ▶ 207
波長 ▶ 26
腹 ▶ 29, 121
半音 ▶ 18
パンフルート ▶ 15, 21, 199
ピアノ式アコーディオン ▶ 192
ビート ▶ 77
　　──周波数 ▶ 77
ビオール属 ▶ 188
ビオラ・ダ・ガンバ ▶ 15, 188
ビオラ・ダモーレ ▶ 189
ピザモード ▶ 204
ピタゴラス音律 ▶ 45, 49, 70
ピタゴラスのコンマ ▶ 72, 92
ピチカート ▶ 195
微分音階 ▶ 180
微分音程 ▶ 180
広い意味の混成帯域 ▶ 116
不協和 ▶ 112
　　──曲線 ▶ 112, 126, 205, 245
　　──曲面 ▶ 135
　　──度 ▶ 111, 122
複調性 ▶ 179
節 ▶ 28, 121
フラジオレット奏法 ▶ 197
フラット ▶ 18
フリジアンモード ▶ 60
ブルース ▶ 177, 229
　　──音階 ▶ 178
フレット ▶ 15, 38
閉管 ▶ 199, 245
平均律 ▶ 34, 70, 94, 129, 217, 240
『平均律クラヴィア曲集』 ▶ 102
平行調 ▶ 159
ベース ▶ 151, 188
ヘルツ（Hz）▶ 20
ペログ（音階）▶ 184
変 ▶ 256
ボウイング ▶ 194
ポテンシャル ▶ 137
ボナン ▶ 185, 207
ポリゴノーラ ▶ 203, 252

【ま・や】

マイナー ▶ 90
　　──コード ▶ 145
マカーム ▶ 180
ミーントーン ▶ 70, 98
ミクソリディアン ▶ 62
ミドルC ▶ 259
都節音階 ▶ 173
都節型テトラコルド ▶ 173
未来鍵盤 ▶ 227
民族音楽 ▶ 164
民謡音階 ▶ 173
民謡型テトラコルド ▶ 173
無調音楽 ▶ 227
メジャー ▶ 90
　　──コード ▶ 144
モード ▶ 59
モード・ジャズ ▶ 62
ヤング（音律）▶ 101
ヨナ抜き5音階 ▶ 48, 176

【ら・わ】

リアライズ ▶ 157
リード ▶ 199
リズム楽器 ▶ 207
リズムセクション ▶ 151
律音階 ▶ 174
律型テトラコルド ▶ 173
リディアン（モード）▶ 50, 61
琉球音階 ▶ 173, 184
琉球型テトラコルド ▶ 173
呂旋法 ▶ 48
臨界帯域 ▶ 116
　　──幅 ▶ 113
レ旋法 ▶ 61
ロウC ▶ 259
和音 ▶ 18, 134
和声 ▶ 154
　　──短音階 ▶ 64

N.D.C.761.1　　270p　　18cm

ブルーバックス　B-2060

音律と音階の科学　新装版
ドレミ…はどのように生まれたか

2018年 5 月20日　第 1 刷発行
2025年 3 月19日　第11刷発行

著者	小方　厚	
発行者	篠木和久	
発行所	株式会社講談社	
	〒112-8001　東京都文京区音羽2-12-21	
電話	出版	03-5395-3524
	販売	03-5395-5817
	業務	03-5395-3615
印刷所	(本文印刷) 株式会社新藤慶昌堂	
	(カバー表紙印刷) 信毎書籍印刷株式会社	
製本所	株式会社国宝社	

定価はカバーに表示してあります。
© 小方　厚　2018, Printed in Japan
落丁本・乱丁本は購入書店名を明記のうえ、小社業務宛にお送りください。送料小社負担にてお取替えします。なお、この本についてのお問い合わせは、ブルーバックス宛にお願いいたします。
本書のコピー、スキャン、デジタル化等の無断複製は著作権法上での例外を除き禁じられています。本書を代行業者等の第三者に依頼してスキャンやデジタル化することはたとえ個人や家庭内の利用でも著作権法違反です。

ISBN978－4－06－511664－7

発刊のことば

科学をあなたのポケットに

　二十世紀最大の特色は、それが科学時代であるということです。科学は日に日に進歩を続け、止まるところを知りません。ひと昔前の夢物語もどんどん現実化しており、今やわれわれの生活のすべてが、科学によってゆり動かされているといっても過言ではないでしょう。

　そのような背景を考えれば、学者や学生はもちろん、産業人も、セールスマンも、ジャーナリストも、家庭の主婦も、みんなが科学を知らなければ、時代の流れに逆らうことになるでしょう。ブルーバックス発刊の意義と必然性はそこにあります。このシリーズは、読む人に科学的に物を考える習慣と、科学的に物を見る目を養っていただくことを最大の目標にしています。そのためには、単に原理や法則の解説に終始するのではなくて、政治や経済など、社会科学や人文科学にも関連させて、広い視野から問題を追究していきます。科学はむずかしいという先入観を改める表現と構成、それも類書にないブルーバックスの特色であると信じます。

一九六三年九月

野間省一